最新の栽培カレンダーと詳しいふやし方がわかる

これでうまくいく！
よく育つ多肉植物 BOOK

鶴仙園・靍岡秀明

500種類を紹介！

JN250829

主婦の友社

ようこそ、魅惑の多肉植物の世界へ

サボテン・多肉植物の専門店を営む家に生まれ、幼少のころより常に植物に囲まれた暮らし。中学生のころから資材や苗を運び、父の植え込みなどを手伝いながら身体で仕事を覚えてきました。大学在学中、父の腰痛を機にサボテンの栽培場の管理を任され、数々の失敗から多くのことを学びました。大学卒業後には諸先輩方のすすめでハオルチアをはじめ、今までに見たこともない世界観に吸い込まれました。サボテンと多肉植物をバランスよく取り入れようと努力し、これまで日本での栽培事例が少ない新しい多肉植物の管理について、日々勉強を続けています。

この本を出版させていただくにあたり、いまの日本の気候や栽培環境に合い、私が身をもって会得した栽培のヒントを多くの方にお伝えしたいと思います。難しい管理は不要、環境を整えればだれでも始めやすく、ハマると奥深い魅惑の世界です。ぜひ、本書が多肉植物とのさらなる出合いの一助となりますことを願っております。

HIDEAKI TSURUOKA

鶴仙園三代目　靍岡秀明

これでうまくいく！
よく育つ多肉植物BOOK

contents

- 2 ようこそ、魅惑の多肉植物の世界へ

7 Part 1 多肉植物を知ろう

- 8 多肉植物ってなんだろう？
- 10 主に3つの生育型がある
- 12 植物選びのポイント
- 14 多肉植物の育て方の基本
- 16 置き場所と水やり
- 18 多肉植物がよく育つ用土と肥料
- 20 栽培に便利な鉢と用具
- 22 多肉植物の植えかえと鉢増し
- 24 多肉植物のいろいろなふやし方
- 26 夏越しと冬越しのポイント
- 28 寄せ植えのコツと植え方
- 30 多肉植物の病害虫対策
- 32 接ぎ木と交配に挑戦
- 34 TOPICS 多肉植物のふるさと

37 Part 2 多肉植物の育て方カレンダー&カタログ

Chapter1 ベンケイソウの仲間

- 38 アエオニウム
- 40 アドロミスクス
- 41 オロスタキス
- 42 エケベリア
- 48 カランコエ
- 51 クラッスラ
- 55 グラプトペタルム、グラプトセダム
- 56 グラプトベリア
- 57 コチレドン
- 59 シノクラッスラ
- 60 セダム
- 63 センペルビウム
- 65 ダドレア、チレコドン
- 66 パキフィツム、パキベリア
- 68 モナンテス
- 69 ロスラリア

Chapter2
メセンの仲間

- 70 アプテニア、スミクロスティグマ
- 71 アロイノプシス、トリコディアデマ
- 72 エキノス、ルスキア
- 73 ギバエウム、ケイリドプシス、タンクアナ、プレイオスピロス
- 74 コノフィツム
- 77 デロスペルマ、ベルゲランサス
- 78 チタノプシス、フェネストラリア、フォーカリア
- 80 フリチア
- 81 リトープス

Chapter3
サボテンの仲間

- 84 アウストロキリンドロオプンチア、オプンチア、マイフエニオプシス
- 85 アズテキウム、ユーベルマニア
- 86 アストロフィツム
- 88 アリオカルプス、ロフォフォラ
- 90 エキノカクタス、テロカクタス、フェロカクタス
- 92 エキノセレウス
- 93 エスポストア、カルネギア、パキケレウス
- 94 エピテランサ、ツルビニカルプス、ペレキフォラ
- 95 エリオシケ、スルコレブチア、ウェインガルチア
- 96 ギムノカリキウム、コリファンタ
- 98 ストロンボカクタス、マミラリア
- 102 セレウス、ミルチロカクタス
- 103 クムロプンチア、テフロカクタス
- 104 パロディア、メロカクタス
- 105 フライレア、リプサリス

Chapter4
アロエの仲間

- 106 アガベ
- 108 アストロロバ、ガステリア
- 110 アロエ
- 112 アルブカ、ゲチリス、トラキアンドラ
- 113 オーニソガラム、ブルビネ
- 114 サンセベリア
- 115 ドリミア、ラケナリア
- 116 ハオルチア

Chapter5
ユーフォルビアの仲間

- 120 ユーフォルビア夏型
- 123 ユーフォルビア冬型

Chapter6
コーデックスと個性的な多肉植物

- 124 アデニア、オペルクリカリヤ、キフォステンマ、パキコルムス
- 126 アデニウム、パキポディウム、ヤトロファ
- 128 アナカンプセロス、ケラリア
- 130 ウェルウィッチア、エンセファラルトス
- 131 エキドノプシス、フェルニア、ホーディア
- 132 オトンナ、セネシオ
- 134 コミフォラ、センナ、ボスウェリア
- 135 シンニンギア、ディオスコレア、ブーフォン
- 136 スタペリアンサス、プセウドリトス
- 137 ドルステニア、ペペロミア、ポーチュラカリア
- 139 フォークイエリア、ペラルゴニウム、モンソニア

- 141 植物名索引

Part 1

多肉植物を知ろう

多肉植物と仲よくなるためには、性質やふるさと、多肉植物の好きな環境を知っておくことが大切です。水やりの仕方や置き場所など、栽培の基本をご紹介します。

多肉植物ってなんだろう?

多肉植物とは、葉や茎、根の一部などに水分をたくさん含み、ふっくらと多肉質になっている植物の総称です。雨が少なく乾燥した砂漠のような環境でも生きていけることから、水やりの頻度が少なくても育てることができます。

ユニークな形やバラエティーに富んだ色彩で、かわいい花が咲くものもたくさんあります。

お気に入りの多肉植物をみつけて、その性質を知り、愛情をもってよく観察しながら育ててください。

ピカピカの透明な窓が魅力の
ハオルチア

バラのような美しい葉が人気の
エケベリア

トゲのような花座をもつ
ユーフォルビア

クルクル回る葉がユニークな
アルブカ

多肉植物とサボテンはどこが違うの？

多肉植物の中のひとつのグループに「サボテン科」があります。サボテン科の植物は、トゲと刺座（トゲざ＝トゲの台になる部分）があることが特徴です。ただ、トゲが退化して綿のようになったものや粉のようになって目立たないものもあり、一見、サボテンだとわかりにくいものもあります。

多肉植物の中には、ユーフォルビアの一部のようにトゲに似たものをもつ種類もありますが、刺座がないなど、はじめて見る人には判断しにくいものもあります。

刺座
サボテン科の植物には、トゲと刺座があり、トゲが退化しても刺座があるものが多い。

大きなロゼット状の葉の
アガベ

星の形のサボテンの仲間
アストロフィツム

砂漠の宝石といわれる
リトープス

サボテンの仲間、花もかわいい
マミラリア

コーデックスの仲間、根が壺形に肥大した **アデニウム**

9

主に3つの**生育型**がある

多肉植物は、生育する時期の違いから、大きく3つのタイプに分けられます。大切なのは、「生育期には水や肥料を与え、休眠期や半休眠期には水や肥料を控える」ということです。休眠期に水や肥料を与えすぎると枯れたり傷んだりするので、育てている多肉植物の生育型を知ることがポイントです。

自生地がどんな環境か、知っておくことも必要。雨が少なく、高温で乾いている場所なのか、赤道直下の高山の崖の上なのかで、管理の仕方も変わる。

ハオルチア

春秋型

セダム

エケベリア

センペルビウム

春と秋の穏やかな気候で生育します。夏は生育が緩慢で半休眠期になることが多いです。13〜25度が生育適温で、真冬と真夏は水やりを減らします。

アドロミスクス、エキノス、オロスタキス、エケベリア、グラプトペタルム、グラプトベリア、コチレドン、セダム、センペルビウム、ハオルチア、パキフィツム、パキベリア、ロスラリア　など

アガベ

アデニウム

パキポディウム

夏型

春から秋に20～35度で生育します。真夏は生育緩慢なので、遮光して風通しよく過ごさせます。冬の休眠期は水やりを控え、温室や室内の窓辺などで保護します。

アガベ、アストロフィツム、アデニウム、アリオカルプス、アロエ、ウェルウィッチア、エンセファラルトス、コミフォラ、サンセベリア、パキポディウム、ボスウェリア、マミラリア、ヤトロファ、ロフォフォラ　など

マミラリア

リトープス

フェネストラリア

コノフィツム

冬型

冬から春の5～23度が生育適温ですが、5度未満は苦手です。夏の休眠期は水やりを控え、雨のかからない風通しのよい場所に置きましょう。

アルブカ、ケイリドプシス、コノフィツム、セネシオ、ドリミア、ブーフォン、フェネストラリア、プレイオスピロス、ペラルゴニウム、モナンテス、リトープス　など

アルブカ

植物選びの
ポイント

多肉植物を楽しく育て、長くつきあうためには、まず、健康できれいな株を入手しましょう。どんなところに気をつけて苗を購入したらよいのか、知っておきましょう。

多肉植物を育て始めるのは、春か秋がおすすめ

　春と秋は気候が安定し、夏や冬に比べて栽培しやすい時期です。特にはじめて多肉植物に挑戦する場合は、春か秋からスタートすると失敗が少ないので、栽培が楽しくなり、続けやすいと思います。
　また、多肉植物は種類が多く、季節によって、流通する種類が変わりますが、春と秋は多くの種類が店頭に並ぶ時期でもあります。たくさんの苗の中から、お気に入りの1株を選ぶのは、とても楽しいものです。多肉植物の愛好団体や専門店が開催するフェアや、展示即売会などのイベントに出かけるのもおすすめです。

初心者向けの種類は、セダム、エケベリア、ハオルチアなど

　日本の冬の寒さに耐える種類で、セダム、エケベリア、ハオルチアなどが育てやすく、初心者向きといえるでしょう。
　多くの多肉植物は、砂漠などの寒暖の差が大きく、乾燥しやすい過酷な環境に自生しているのですが、日本ほど冬の寒さが長く続く場所ではないことが多いようです。寒冷地など、地域によっては保護が必要ですが、関東以西の温暖地なら、セダム、エケベリア、ハオルチアなどは春と秋によく育ち、冬も屋外や簡易フレームなどで栽培できます。

1 美しい葉がバラの花のように見えるエケベリア。濃い茶色や赤紫などもあり、葉の色や形がさまざま。上の写真はエケベリア オウンスロー。**2** セダム オーロラは育てやすく、秋に紅葉する姿も魅力。**3** ハオルチア オブツーサ。透明な窓が宝石のように美しい。

1
1 植物名が明記されたタグがついている株なら、その後の管理がしやすい。
2 適度な間隔をあけて整然と多肉植物が並べられている専門店。雨よけのひさしの下に陳列され、強い光を好むものを外側に置いている。

2

購入する際は管理のよい店で、品種名を確認して選ぼう

　よく日が当たって風通しがよく、管理のよいお店で購入しましょう。よい環境に置かれた苗なら、購入後もよく育つでしょう。

　日の光の当たらない、屋内の売り場に置かれていた場合は、すぐ直射日光に当てると「葉やけ」してやけどのような状態になり、株が傷むことがあります。15ページを参考に、ティッシュや寒冷紗を使って光の強さを調節し、新しい環境に慣らします。

　また、購入する株の種類や品種名を知っておくと、その後の管理に役立ちます。品種名のタグがついているものを購入しましょう。

1 2

1 色つやがよく、花も美しいアデニウム オベスム。2 ずっしり引き締まった株姿で葉緑素の色がしっかりしているガステリア 恐竜ピランシー。

株が引き締まり、色つやのよいものがおすすめ

　節と節の間がひょろひょろと長く間延びしたものや、葉の色が薄くぼけているものはおすすめしません。斑入りの品種は、葉の模様や柄がはっきりしていて、葉緑素の色がしっかりしているものがよいでしょう。（一部例外あり）

　ずっしりと引き締まった株姿で、葉や茎、幹につやがあり、色がよいものを選びましょう。花が咲いているものは、花形が整い、花色が鮮やかなほうを選びます。

多肉植物の育て方の基本

多肉植物を育てるには、育てやすい環境を整えてあげることが大切です。愛情をもって観察し、それぞれの種類に合わせて調節してあげましょう。手間と愛情をかけてあげれば、すくすくときれいな株姿に育ちます。

多肉植物は「植物」光と水、用土と風通しが大切

多肉植物は「植物」です。植物は光が必要な生き物で、光が適切に当たるところで育てなければ枯れてしまいます。部屋の中で育てたいという方も多いと思うのですが、屋外で育てたほうが圧倒的にきれいに育ちます。多肉植物の栽培には、生育に適した「光」、「水」、「用土」と「風通し」が大切です。毎日愛情をもってよく観察することで、生育状態の変化がすぐにわかります。

鉢いっぱいに育ち、子株ができたハオルチア。根腐れしないように気をつけて、植えかえ適期までそのまま管理する。

購入した植物は、植えかえ適期までそのまま管理する

草花の苗や鉢花などは、購入後に植えかえますが、多肉植物は植えかえ適期まで、そのままの鉢で管理したほうが無難です。適期以外の時期に植えかえると、うまく生育できず、株が傷んで枯れることがあります。

多肉植物は、種類によって生育サイクルが大きく異なりますが、多くの種類は年に一度、春先か秋に植えかえるとよく育ちます。また、夏型種を秋に植えかえる場合は、徐々に生育が緩慢になるので根鉢を崩さないのがコツです。

購入後は、新しい環境に慣らすためにちょっとひと手間かける

生産者や園芸店などのどんな場所に置かれていたかによって、苗のコンディションはさまざまです。たとえば、暗い屋内の売り場に置かれていた苗を、直射日光が強く当たる場所に置くと、せっかく買ってきた苗が急に調子を崩すことがあります。最初の1週間の工夫で、その後の生育に大きな差が出ます。

水を入れた霧吹きとティッシュペーパーで、光の強さと湿度を調整します。

苗の購入後の慣らし方

1. 買ってきたばかりのサボテンの株。光を好むサボテンなのに、屋内で販売されていた。
2. 市販のティッシュは2枚が重なっている。そっとはがして1枚ずつにする。
3. はがしたティッシュの1枚分だけを、買ってきたばかりの苗の上にかぶせる。
4. 霧吹きに水を入れ、吹きかけてぬらす。適度に遮光し、光もやわらげる。乾いても飛ばない。

多肉植物をすくすくとじょうずに育てるポイント

育て方のコツは、シンプルな5つのポイントに気をつけること。これさえわかっていれば多肉植物を育てるのがぐっとじょうずになります。

- 光はやさしく**長く当てる**
- **風通しを**よくする
- 作業は**適期を選んで**行う
- 水やりは主に**生育期に**
- 種類に**合った**用土を使う

置き場所と水やり

多肉植物をじょうずに育てるためには、日当たりと風通しが大切。また、水やりの頻度は少なくてよいのですが、季節によって与え方が変わります。置き場所と水やりの基本を知っておきましょう。

屋外の東か南向きのベランダや軒下で、最低1日4時間以上日が当たる棚などに

多肉植物は屋外の日が当たる場所で育てましょう。雨が直接当たらないほうが育てやすいので、ベランダや軒下がおすすめです。

方位は東向きか南向きがよく、1日のうち最低でも4時間以上日が当たる場所が適します。最もよく育つのは1日6時間以上日に当てることですが、住宅事情を考えるとかなり難しいことでしょう。極力よく日に当て、風通しを向上させるために鉢は地面に直接置かず、棚や台などの上に置くとよいでしょう。

A ライト
蛍光灯や植物育成用のLEDライトなど、熱のこもらないライトで日照不足を補うことが可能。光はまんべんなく当てる。

B 扇風機
重要な要素は風通し。空気が流れないと蒸れやすく、病気の原因にも。小型の扇風機を使うと改善しやすい。

C 温湿度計
夏と冬は、温度と湿度がすぐにわかるので便利。冬は育てている植物の最低温度が重要。湿度は夏の蒸れの目安になる。

D 寒冷紗
日照条件を整えるのに便利。夏越しや冬越しに活用する。生育期には寒冷紗をはずして日に当てるなど調節を。

便利な資材を活用して快適な置き場所に整える

日当たりや風通しが確保できない場合は、資材を使って、多肉植物が好む環境になるように、足りない要素を補うこともできます。「日当たりが足りないかも」「風通しが悪そう」と感じたら、左のイラストを参考にして、資材を取り入れてみましょう。

日差しをコントロールするには寒冷紗を使うと便利

多肉植物は夏に休眠や半休眠するものが多く、休眠中に直射日光が当たると傷むことがあります。寒冷紗は手軽に日差しを調節でき、白と黒の2種類あると便利です。

白の寒冷紗
遮光率22%の白の寒冷紗。日差しをやわらげたいときに。春と秋に利用する。

黒の寒冷紗
遮光率50%の黒の寒冷紗。強い直射日光を明るい半日陰に調整。夏に利用する。

銀の寒冷紗
光る繊維が光の中の熱線を遮るため、夏の高温を嫌う植物を涼しく日よけさせられる。

Point 1
鉢底ネットを使った手軽な日よけ

季節の変わりめで急に日差しが強くなったときや新しい株を購入したときなど、応急処置として鉢底ネットを日よけ代わりに使うことができます。「この株には少し日差しが強い」という場合に便利。

1 初夏に購入した株。急に日差しが強くなって、そのままだと葉やけしそう。

2 鉢底ネットをかけると、寒冷紗を用意できなくても数日はカバーできる。

Point 2
ペットボトルを利用して空中湿度を保つ

冬の乾燥を緩和するため、ペットボトルのふたをはずし、上部を切り取って簡易フレームの代用にすることもできます。屋外の日当たりがよく暖かい場所に置き、適度な湿度も保たれるので、ハオルチアなどに向いています。

1 ペットボトルのふたをはずし、カッターなどで穴をあけてハサミで切る。

2 水やり後に植物の水滴が乾いてからかぶせる。

生育期はたっぷり水を与え、休眠期は水を控える

生育期は、鉢の中の用土が乾いたら、鉢底穴から水が出るまで、たっぷりと水やりします。「乾いたら、たっぷり」が水やりのコツです。反対に、生育が緩慢な時期や休眠期には水を控えます。休眠期は水を吸わないので、過湿になって傷みます。月に一度、霧吹きでさっとぬらすなど、種類によって加減します。

生育期は、たっぷり水をやる。上から全体にかけても問題ない。

おおよその目安として、2.5号のプラ鉢でこのくらいの水の量になる。

左が乾いている鹿沼土、右が湿っている状態。色の違いがよくわかる。

ジョウロや水差し、ハス口がついたホースなど、用途に合った水やり用具を選ぶ。

水やりのタイミングは、「鉢底のゴロ土が乾いたら」が目安

植えつけるとき、鉢底のゴロ土として鹿沼土を入れると、その色で水やりのタイミングがわかります。鉢の上面の土の色では鉢の中の湿り具合が見えませんが、鉢底のゴロ土の色を見れば、初心者でも簡単に判断できます。また、水をたっぷり与えた直後の鉢の重さを覚えておくと、重さでもわかります。

種類や時期による水やりの工夫と覚えておきたいコツ

サボテンの仲間のロフォフォラなどのように、綿毛や細かい毛が生えている種類は、綿毛をふわふわときれいに育てるために、水が葉や毛に直接かからないように水差しで用土に水やりしましょう。また、休眠期や半休眠期の水分をあまり必要としない時期には、軽く全体に霧吹きで水を与える「シリンジ」が有効です。

ロフォフォラは毛に水がかからないように、水差しで水やりするとよい。

種類によっては、休眠期は月に数回、軽く霧吹きで水を与えるとよい。

多肉植物がよく育つ 用土と肥料

多肉植物は草花や庭木に比べて、水はけのよい用土を好みます。肥料は生育期に与えると、順調な生育を助けます。

多くの多肉植物におすすめの配合。鹿沼土は微粒を使用している。水はけがよく、根が細いタイプでもよく根が張る。

アガベ、コーデックス、トゲが鋭いサボテンや大株、風通しが悪い場所におすすめの配合。鹿沼土は小粒を使用し、より水はけを好むタイプに。

基本の用土は赤玉土と鹿沼土に改良材と肥料をミックス

多肉植物を機嫌よく育てるには、赤玉土と鹿沼土をベースに配合した用土をおすすめします。以前は川砂や山砂をベースにした用土が主流でしたが、多種多様な多肉植物が育ちやすい用土として、下の配合を使っています。サボテンも同様の配合でよく育ちます。

おすすめ用土の配合

赤玉土	鹿沼土	軽石	バイオ肥料	くん炭	ゼオライト	バーミキュライト
4	2	1	1	1	0.5	0.5

多肉植物の栽培で使われる用土と改良材

基本の用土

赤玉土（小粒）
火山灰土の赤土をふるい分けたもので、弱酸性。通気性と保水性、保肥性がある。

軽石（小粒）
軽い火山礫を砕いたもの。多孔質で水はけがよく、適度な保水性もある。

鹿沼土（微粒）
栃木県鹿沼産の軽石の一種。強い酸性で、通気性と保水性がある。

鹿沼土（小粒）
鹿沼土の小粒。微粒よりもさらに水はけがよいので、乾燥を好む種類に適する。

鹿沼土（中粒）
鹿沼土の中粒。鉢底のゴロ土として使用。乾燥すると白くなるので、水やりの目安に役立つ。

鹿沼土（大粒）
鹿沼土の大粒。コーデックスやサボテンなどの大型種、大きな鉢に植える際のゴロ土に使う。

改良材

ゼオライト（3mm）
多孔質の鉱物で、土に混ぜて使うと水の浄化に役立つ。化粧砂の代わりにも活用できる。

くん炭
もみ殻を低温でいぶして炭化させたもの。用土に混ぜると土を浄化し、酸性に傾くのを抑える。

バーミキュライト
鉱石を高温で焼成したもの。土をやわらかくするのに役立つ。タネまき用土にも便利。

市販の「サボテン・多肉植物の土」をじょうずに使いこなすには

市販されているサボテン・多肉植物の土は、主にサボテン用に配合されていることが多いため、水はけがよすぎて多肉植物が育ちにくいケースが多くあります。市販の用土に赤玉土（小粒）を20％ほど混ぜ、肥料を加えて使うと、ぐっと生育がよくなります。

肥料は生育期に合わせ、植えつけ・植えかえ時に与える

多肉植物は砂漠や瓦礫地などの肥料分が少ない場所で自生しているので、肥料が少なくても生育します。また、追肥する場合、休眠期や半休眠期に肥料を与えると、急に傷んだり枯れたりするものがあります。紅葉する種類は発色がさえず、ぼんやりとした色になってしまうので注意しましょう。主に生育期の植えつけや植えかえのときに用土に混ぜ、有機質肥料と化成肥料を使い分けます。

バイオ肥料
有機物を微生物の力で発酵・完熟させた固形肥料。植えつけ用土に混ぜて元肥として使うとよい。

緩効性化成肥料
化学合成され、窒素・リン酸・カリのほか、ミネラルが少しずつ溶け出す。元肥や追肥に便利。

植えつけや植えかえの際、用土の中に肥料をひとつまみ入れ、根が直接肥料に触れないように上から少し用土を足し、多肉植物を植えつける

1〜2年に一度の植えかえのとき、用土に緩効性化成肥料を入れる

植えつけや植えかえは、1〜2年に一度、生育期に行いますが、その際に鉢の用土に緩効性化成肥料をひとつまみほど入れると、効果的です。ただし、できるだけ生育期に入る直前や生育期間中に与え、休眠前や生育緩慢期には与えないように気をつけます。

速効性のある液肥や活力剤で生育期に追肥を与える

長期間少しずつ効果が続く固形肥料に対して、速効性があるのが液肥や活力剤です。液肥は水で薄めてジョウロなどで生育期の追肥が手軽にできます。規定倍率よりもやや薄めに希釈し、適度な間隔をあけて与えます。活力剤も同様にして使えます。

ジョウロに液肥と活力剤を入れて水で薄め、生育期の多肉植物に追肥する。休眠前には与えない。

多肉植物は意外に肥料が好き

水分も栄養分も少ない砂漠などに自生していますが、意外にも多肉植物は肥料が好きです。生育期に肥料を与えると、どんどん吸収して育ちます。ベースにするのは用土に配合する有機質肥料ですが、植物の種類や伸び方によって、緩効性化成肥料をプラスしたり、液肥を併用するなど、使い分けます。

栽培に便利な鉢と用具

多肉植物の栽培は、鉢植えが基本です。栽培に適した、お気に入りの鉢で育てましょう。便利な栽培用具を使いこなせば、日常の管理がもっと楽しくなります。

1 テラコッタ（ペイントあり）は、鉢の側面からの乾燥に注意。**2** おしゃれな陶器の鉢に植えると、愛着もひとしお。**3** サボテンの仲間にはプラスチック鉢がおすすめ。

育てやすい鉢はプラスチック鉢、陶器、駄温鉢

見ばえはいま一歩ですが、栽培効率や育てやすさなら、プラスチック鉢。軽くて移動もしやすいので便利です。特にサボテンは、根をあたためたほうがよく育つので、鉢内の土の温度が早くあたたまるプラスチック鉢が向いています。陶器や駄温鉢、テラコッタなどでも管理できます。鉢の性質を見きわめて使いましょう。素焼き鉢は乾燥が早いので管理にひと工夫、必要です。

受け皿がある場合、たまった水はその都度、必ず捨てる。

底に大きな穴がある陶器の鉢。多肉植物用のおしゃれで鉢底穴が大きな鉢がふえてきた。

鉢底穴が大きな鉢がおすすめ、受け皿には水をためない

鉢を選ぶときは、同じ大きさなら鉢底穴が大きいものを選んだほうがうまくいきます。おしゃれな受け皿とセットになっている鉢も多くありますが、受け皿にたまった水はそのままにせず、水やりのたびに捨てましょう。水がたまった状態で放置すると、根腐れで株が傷む原因になります。

鉢底に穴がない器はゼオライトを使い、水の量を減らして管理

多肉植物を元気に栽培するには、水はけをよくすることが大切。鉢底に水抜き穴がない器では、根の周りがジメジメと湿ったままになり、株が傷みやすくなります。

おすすめはしませんが、どうしても鉢底穴がない器を使いたい場合は、鉢底にたまる水分をきれいに維持するため、鉢底が隠れるくらいの厚さにゼオライトなどを敷き、上から用土を入れて植えつけます。また、水やりの量を控えめに管理し、鉢底からの1/3以下に水がたまるように水やりします。

水位／1/3以下

ゼオライトは多孔質の鉱物で、水質浄化や湿度をコントロールする資材。特に根腐れ防止剤として活用される。

1 植物が植えられている左の鉢は2.5号（直径約7.5cm）、右は3.5号（直径約10.5cm）のプラスチック鉢。2 植えかえる鉢の上に株を置いてみて、鉢のサイズが合っているかを確認するとよい。

植えかえる鉢の大きさは、根鉢の外側に指が1本入るくらいに

　植物が鉢いっぱいに育ち、鉢底穴から根が見えたら、植えかえのサイン。ちょうどよい大きさの鉢をさがす目安は、根鉢の外側に指が1本入るくらいのサイズです。これを繰り返して1〜2年に一度のペースで植えかえると、引き締まった姿で順調に育ちます。

栽培に便利な小さめの土入れ、ピンセットなどの用具

　多肉植物の栽培で日常的によく使う用具は、ハサミとピンセット、土入れなどです。ピンセットは、植えかえの際にサボテンをつかむには大型、傷んだ葉や葉と葉の間に詰まったゴミなどを取り除くには細い中型があると便利です。土入れは、2.5号〜4号鉢の植えつけと植えかえに、小型の細いタイプがおすすめ。ワイヤは根が張っていない苗を支えます。

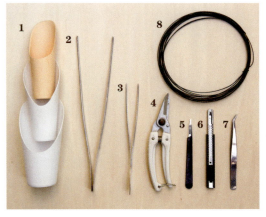

1細い小型の土入れが便利。鉢によって土入れのサイズを変えると植えつけがスムーズに。2サボテンがつかめる大きなピンセット。3汎用性がある中型の細いピンセット。4ハサミ 5ナイフ 6カッター 7小型ピンセット 8盆栽用の細いワイヤ

上はコーデックスの剪定などに適した剪定バサミ。下は植えかえや挿し芽などに便利な園芸バサミ。

ハサミは育てる植物の種類に応じてよく切れるものを用意

　小型の多肉植物の植えかえ、株分け、挿し芽などで便利なのは、刃の部分が細い園芸バサミ。混み合った茎に刃を差し込んで間引いたり、細い根元を2等分に切り分けたりするのに使いやすい。生育が早く枝が太いコーデックスを剪定するには、鉛筆くらいまでの太さの枝ならしっかり切れる剪定バサミが活躍。刃が切れないと手に負担がかかるので、よく切れるハサミを使いましょう。

挿し芽や株分けした不安定な苗は盆栽用ワイヤを使って支える

　株分けや挿し芽などの繁殖の際に、まだ根が伸びていない苗を植えつけるには、ワイヤで苗が動かないように鉢に固定すると、早く根がしっかり張ります。根が張っていないときに苗をぐらぐら動かすと、根張りが悪くなり、生長が悪くなったり遅れたりします。1〜2カ月たって根が張ったら、ワイヤをはずします。

太さ1.5mmの盆栽用アルミワイヤ。適度な強度があり、切ったり曲げたりもしやすい。

苗の大きさに合わせてワイヤを切り、U字形に曲げる。

葉や株のくぼみにワイヤをかけ、用土に差し込んで動かないように固定する。

多肉植物の植えかえと鉢増し

多肉植物をじょうずに育てるには、2種類の植え方を使い分けます。根鉢を崩して短く整理する「植えかえ」と、根鉢は崩さずに大きな鉢にかえる「鉢増し」があります。

エケベリア 桃太郎の植えかえ

用意するもの：鉢（3.5号：1個）、鹿沼土（中粒）、多肉植物の用土、ゼオライト（小粒）、土入れ、ピンセット、殺虫剤（オルトランDX粒剤）、苗：エケベリア 桃太郎

多肉植物の植えかえ

休眠明け直前から生育期前半に行う。根を約1/3まで取り除き、新しい用土で植えつける。

1 苗をポットから抜き、根鉢を崩して土を1/3くらいまでとる。

2 株元に残っている傷んだ葉をきれいに取り除く。残しておくと病害虫の原因になる。

3 根を整理して細い根や傷んだ根をとり、はじめにあった根の1/3くらいまで整理する。

4 3.5号鉢の底に鹿沼土を約2cmの深さに入れ、上から用土を2cmくらい入れる。

5 4に殺虫剤を約0.5g入れ、さらに上から用土を少し足し入れる。

6 3の株を片手で持ちながら、用土を足して植えつける。

7 表面にゼオライトを薄く敷く。鉢の縁から約1cm表土が下がるようにする。

8 鉢の底をトントンと下に打ちつけて用土を落ち着かせる。

エケベリア 桃太郎の鉢増し

多肉植物の鉢増し

生育期から休眠前までに行う。根鉢は崩さず、一回り大きな鉢に植えかえる。

用意するもの：鉢（3.5号：1個）、鹿沼土（中粒）、多肉植物の用土、ゼオライト（小粒）、土入れ、ピンセット、殺虫剤（オルトランDX粒剤）、苗：エケベリア 桃太郎

1　苗をポットからそっと抜く。根鉢はそのままで崩さない。

2　3.5号鉢の底に鹿沼土を約2cmの深さに入れ、上から用土を2cmくらい入れる。

3　2に殺虫剤を約0.5g入れ、さらに上から用土を少し足し入れる。

4　緩効性化成肥料をひとつまみ加え、さらに用土を少量足し入れる。

5　1の株を片手で持ちながら、用土を足して植えつけ、表面にゼオライトを薄く敷く。

植えかえ後の水やりは、鉢底穴から出る水がきれいになるまで

植えかえ後の鉢植えは、鉢の中の用土に混じっている「みじん」がぬけるまで水をやると、その後の水はけや通気性がよくなります。たっぷり水やりして用土に水を浸透させ、同時に水の力でみじんをしっかり抜いておきます。

1　植えかえ後、最初の水やりは、たっぷり水をかけてみじんをとる。

2　まだ茶色い水が出る。もう一度、水をたっぷりかけよう。

3　下から出る水が透明になったら、水やり終了。

多肉植物の いろいろなふやし方

多肉植物はいろいろな方法でふやすことができます。適期は主に生育期で、細かく分ければ分けるほど、生育に時間がかかります。初心者には、根がついている株を分ける「株分け」がうまくいきやすい方法です。

トレーで苗を育成中のフォーカリア。いっしょにタネまきしたものでも生育スピードや形など、バリエーションがある。

株分け

根がついた子苗を親株から取りはずし、別のポットや鉢に植えつける。

ハオルチアの株分け。手で割ってもはずれることがあるが、カッターで上側から切り込みを入れるとよい。

センペルビウムの株分け。親株の周囲にできた子株を、根をつけて分けると活着が早い。

胴切り

サボテンなどは、胴体やくびれた部分をカッターなどで切り、乾かして発根させる。

ウチワサボテンの仲間、ボンニアエをカッターで切っているところ。

テフロカクタスの長刺武蔵野。くびれた節の部分から切り取ってふやす。

ハオルチアは胴体で切って2つに分け、つけ根の葉は葉挿しにすることもできる。

挿し木

木化するユーフォルビアやコーデックスの仲間などは、枝の一部を切って挿し木にする。

ユーフォルビアの花キリンは、枝の一部を切り取って挿し木でふやす。切り口から出る白い液は水で洗い流す。

挿し芽

株分けに次いでふやしやすいのが挿し芽。葉が展開する茎を切って乾かし、発根させる。

エケベリアの挿し芽。茎をできるだけ長くつけて切り、切り口を乾かしてから土に挿す。

空中発根したセダムの茎は、根をつけて切り、用土に植えるとすぐに根が張る。

タネまき

ハオルチアやサボテンなどは、タネまきでもふやしやすい。タネはとりまきにする。

ハオルチアのタネを湿らせたバーミキュライトにまく。

約2週間で発芽し、3カ月経過した状態。ふくらんだ本葉が出ている。

葉挿し

セダムやエケベリアなどは、葉をはずして用土の上に置くと発根して苗になる。

下葉をはずして乾いた用土の上に置いたセダム。このまま明るい日陰で管理。

3週間くらい経過すると芽が出て、その芽から根が伸びる。

夏越しと冬越しのポイント

多肉植物の栽培では、夏越しと冬越しが大きな鍵です。日本の夏は湿度が高くて蒸れやすく、冬は気温が低くてダメージを受けやすいので、対策が必要な種類が多くあります。

夏越し対策をした温室。光が強すぎる種類には、寒冷紗をかけて調節する。白い寒冷紗でやさしい光に。

夏越しは風通しをよくして、寒冷紗などで光の強さを調整

夏に生育する種類は、暑さに強いものが多いのですが、湿度が高いと株が傷みやすくなります。風通しのよい場所に移動するか、扇風機などを利用して風通しをよくしましょう。

夏の日差しは強く、光が強すぎると葉やけを起こすことがあります。強い光が苦手なものは、白い寒冷紗をかけるか、明るい半日陰に移動するとよいでしょう。

冬型や春秋型は、夏は休眠か生育が緩慢になっています。半日陰などで風通しよく管理し、水やりを控えます。

扇風機
夏は風通しをよくすることが大切。窓の開閉で風通しを調節するほか、扇風機もおすすめ。

黒い寒冷紗
斑入りの品種など、葉やけしやすいものは黒い寒冷紗で明るい半日陰くらいの日差しに調整。

白い寒冷紗
直射日光を少しやわらかい日差しにしたいときに便利。種類によって枚数を変えると微妙な光の量を調整できる。

鉢はベランダに直接置かず、風通しのよい台の上などに

鉢を直接コンクリートの上に置くと、コンクリートの輻射熱を浴びてしまい、高温で蒸れがひどくなります。風通しのよい台の上に置きましょう。エアコンの室外機の温風は避けます。人工芝を敷くのもひとつの方法です。

ベランダは床面に人工芝を敷き、鉢と鉢の間隔をあけて風通しよく。台の上にポット用トレーを置いて並べるのもよい。

冬越しは室内の日の当たる窓辺か、簡易フレームで保護する

　多肉植物は組織の中に水分を多く蓄えているため、凍結するととろけるように傷みます。冬は室内の日の当たる窓辺か、簡易フレームなどに入れて保護します。
　冬の寒さに強いセダムやセンペルビウムなどは、日中は屋外のひなたに置きます。エケベリアは暖地では、日当たりがよいひさしのある南向きの棚などで冬越しできます。サボテンなどの夏型種は、暖房設備のある温室で、最低5度を目安に管理し、寒さに弱いものは暖房設備や資材などを工夫して最低でも10度以上を保ちます。

大型の簡易フレーム。ホームセンターなどでは、もっと小型で入手しやすいフレームがそろう。ビニールを二重にすると、保温効果が上がる。

日中の換気
温室や簡易フレームは、冬の日中、温度と湿度がとても高くなることがある。晴れた日中は換気をすることも必要。

黒い寒冷紗
黒は光を吸収して暖める効果があるので、簡易温室の側面に巻くと保温効果が高まる。

夏型コーデックスやサボテンなどは温室管理が理想

　寒さに弱いサボテンや夏型コーデックスなどは、冬の最低温度は5～10度で管理します。日本の寒冷地はもちろん、平野部でも、温度と湿度が調節できる温室で管理するのが理想です。室内に入れる場合は、暖房の影響のない明るい窓辺などに置き、風通しよくするなどの工夫が必要です。

夏型コーデックスやサボテンは、10度以上の温室での冬越しが理想。

鶴仙園本店の温室。季節によっては日よけのために屋根の上に黒いシートを張っている。

寄せ植えのコツと植え方

葉の色や形が変化に富んでいて、個性的な多肉植物。性質の似ているもの同士なら、寄せ植えで楽しむことができます。鉢の色や形も趣向を凝らして、お気に入りの寄せ植えを作ってみましょう。

エケベリア アイスグリーン、グラプトセダム ブロンズ姫とセダムを寄せ植えに。性質が似ているものは寄せ植えにしやすい。

生育サイクルが似ているもので、丈夫な品種を選ぼう

多肉植物を寄せ植えにする場合、1鉢の中に植える多肉植物は、生育サイクルや育て方が似ているもの同士を選びます。たとえば、春と秋に生育するエケベリアを主役にするなら、セダム、クラッスラなどの同じ春秋型の生育サイクルの多肉植物の中で、性質が強健な品種を合わせるとよいでしょう。

ポット苗の数は3・5・7の奇数にすると、きれいに仕上がる

寄せ植えに使う苗の数は、3・5・7のいずれかのポット数にするとうまくまとまるのでおすすめ。植えつけるときは、苗の表面の土の高さをそろえるときれいに仕上がります。鉢と植物の葉の色をコーディネートして、赤みのあるものを1ポットと石などを添えると、さらにおしゃれな寄せ植えに。

多肉植物の寄せ植えの作り方

寄せ植え作りに適した時期は、植えつける植物の生育期。休眠期や半休眠期の直前は避けよう。

用意するもの：鉢（4号）、鹿沼土（中粒）、多肉植物の用土、ゼオライト（小粒）、土入れ、ピンセット、鉢底ネット、火山岩（装飾用に適宜）、殺虫剤（オルトランDX粒剤）、苗：セダム 乙女心、セダム 虹の玉、セダム 春萌、セネシオ 大弦月城、グラプトベリア オパリナを各1ポット

1 鉢底穴の大きさに合わせて鉢底ネットを敷く。

2 ゴロ土として鹿沼土を約2cmの深さに入れる。

3 2の上から用土を2cmくらい入れる。

4 3の上に殺虫剤を1gほど入れる。

5 4の上に、さらに用土を足し入れる。

6 用土の高さを鉢の縁から約1cm下に調節する。

7 苗と火山岩などを配置してレイアウトを決める。

8 苗をポットから抜き、根鉢の状態を見る。

9 根がかたく回っているものは、土を1/2程度落として根をゆるめる。

10 すべての苗を配置したら、苗を片手で支えながら用土を足して植える。

11 用土を入れたら、軽くトントンと鉢をたたいて用土を落ち着かせる。

12 バランスを見て、ピンセットで植物の向きや高さを微調整する。

13 火山岩を配置。軽くのせるだけでなく、少し土に埋め込むと安定する。

14 表面に化粧砂としてゼオライトを敷く。蒸れにくく美観もアップ。

寄せ植えは、作った直後の水やりがポイント

寄せ植えを作り終わったら、すぐにたっぷりと水やりします。このとき、鉢底から出る水がきれいになるまでしっかりと水やりするのがポイント。この最初の水やりで、鉢の中の不要なみじんを水でよく流しておくと、水はけがぐんとよくなって、その後、順調に生育するようになります。

1 やさしい水流でたっぷり水を与える。

2 流れ出る水が濁っていたら、きれいな水が出るまで数回水を与える。

左下から時計回りに、セダム 乙女心、セダム 虹の玉、セダム 春萌、セネシオ 大弦月城、グラプトベリア オパリナ。各1ポット5株の寄せ植え。

多肉植物の病害虫対策

多肉植物は草花や野菜に比べて、病気や害虫は少なめです。主な被害や症状を知り、早期発見・早期対策に努めましょう。

害虫対策は防除が第一
殺虫剤散布と早期発見が大切

　積極的な対策がおすすめしたいのは害虫で、害虫の寄生を防除すればウイルス病も予防できます。主な害虫はアブラムシ、コナジラミ、コナカイガラムシなどの吸汁性害虫とヨトウムシなどの食害性害虫です。植えつけや植えかえ時の用土に粒状の浸透移行性殺虫剤を混ぜておくのがおすすめです。

アブラムシ
春と秋に多く発生する。ウイルス病を媒介し、排泄物がすす病を引き起こす。

コナジラミ
体長1～2mmで鉢底から根に寄生し、汁を吸ってふえる。繁殖力が旺盛。

コナカイガラムシ
春と秋に多いが、風通しの悪い場所や日照不足になると一年中発生する。カイガラムシの仲間は駆除がしにくい。

すす病
アブラムシやカイガラムシの排泄物が原因で、黒いすす状のかびが繁殖する。

ヨトウムシ（若齢幼虫）
老齢幼虫になると茶色くなり、夜間に行動するが、若齢のときは昼に集団で葉を食害する。

多肉植物の害虫を防除するコツ

汁を吸うタイプの害虫やヨトウムシの若齢幼虫などには、植えつけや植えかえの用土に浸透移行性の殺虫剤をまいておけば、ほぼ防除できます。

コーデックスの害虫には、春と秋、温室へ取り込む前にスプレー式の殺虫剤を使うと、害虫が寄生しやすい葉や新芽を防除できます。

主にハダニやアブラムシが発生するのは春と秋。コーデックスにはスプレー剤が便利。また、温室へしまう前にもスプレー剤を使って防除しておくとよい。

オルトランDX粒剤は、浸透移行性の殺虫剤。植えかえや植えつけの用土に混ぜる。

殺虫剤が直接根に触れないように、粒剤を入れてから少し用土を足し、その上に苗を植える。

多肉植物の主な病気や生理障害は過湿や蒸れ、日照不足が原因

多肉植物の病気は、主に過湿が原因です。水はけのよい用土に植えて、風通しのよい場所に置き、生育が緩慢な時期や休眠期に水やりを控えれば、ほとんどの病気を予防できます。

ハダニ
体長約0.5mmのクモの仲間で主に水やりが少ないときや夏、また、室内で管理する場合に発生しやすい。葉の裏から汁を吸い、かすり状になる。

軟腐病
細菌が葉や茎の傷、害虫の食害や吸汁によって侵入し、腐敗して悪臭がする。梅雨や長雨のときにかかりやすい。

根腐れ
寒さや根づまり、水はけが悪く蒸れた場合に起こりやすい。

接ぎ木と交配に挑戦

異なる種類を接いでひとつの個体にするサボテンの「接ぎ木」と、交配で新しい品種を作出する「交配」。ワンランク上の技に挑戦してみましょう。

ミルチロカクタス 竜神木にコリファンタ 象牙丸錦を接ぎ木した。竜神木を台木にすることで、より繁殖力が旺盛になる。

オプンチア 紅花団扇を台木に、花の美しいロビプシス キャリー×アランダの交配種を接ぎ、生育を早めて開花させた。花色の確認や交配親として使うため。

サボテンの接ぎ木

生育が旺盛な柱サボテンなどに、生育が遅いが色や花がきれいなサボテンを接ぐ。4〜5月が作業の適期。

用意するもの：木綿のしつけ糸（適宜）、カッター　**苗**：プナ ボンニアエ、ミルチロカクタス 竜神木

1 上に接ぐボンニアエは、生長点から1cm下がった場所をカッターで切る。

2 台になる竜神木の先端をカッターで切り落とす。

3 切り口は1.5〜2cmになるようにする。

4 中心の白い部分を残し、鉛筆を削る要領で細く切る。

5 1で切ったボンニアエの切り口を、平らに切り直す。

6 4の竜神木の切り口も同様に、平らにカッターで切り直す。

7 接ぐ2種類のサボテンの断面が同じ大きさで、面が平らになるように切りそろえる。

8 2種類のサボテンの切断面がぴったり合うか確認する。合わなければ切り直して調整する。

9 しつけ糸を上下左右から巻き、接ぐサボテンが動かないように固定する。強く巻きすぎると台木が曲がるので注意。

10 接合部分が動かないように、上から糸でぐるぐる巻く。

11 鉢に立て、晴れた風通しのよい半日陰で2〜3日乾かす。約10日後に糸をはずして用土を入れた鉢に植えつける。

左／漆黒の輝きを放つハオルチア ミラーボール。交配で、こんな夢のハオルチアを作出してみたい。右／ハオルチア スノーレパード。葉の表面にガラス質の粒、裏に丸い窓があるため表面が光って美しい。霍岡秀明作出。

ハオルチアの交配

お気に入りのハオルチア同士の花が咲いたら、交配で新しい品種を作り、タネまきして育てる。開花期の4〜10月が作業の適期。

用意するもの：ピンセット、
苗：同じ時期に開花しはじめたハオルチア各1鉢

1 開花直前の花の花弁を取り除く。

2 別の株の完全に開花した花の花弁を取り除き、雄しべをむきだしにする。

3 1の花の雌しべに2の雄しべの花粉を数回こすりつけ、受粉させる。

4 数週間後、子房がふくらんできたら受粉できている。

5 ストローを2cmほどの長さに切り、タネの飛び散り防止のためにかぶせておく。

6 サヤが茶色くなったらタネが実っている。

7 ひとつのサヤに5〜15個のタネができている。

8 飛び散らないようにタネを収集する。

9 タネはとりまきが発芽しやすい。湿らせたバーミキュライトの上にばらまきにする。

10 適度な湿度を保てるように通気口を作ったふたをして、涼しい日陰に置く。

11 1〜3週間で発芽する。発芽したら明るい日陰で水ぎれしないように管理する。

TOPICS
多肉植物のふるさと

多肉植物の多くは、雨があまり降らない地域や、寒暖の差が激しい地域などの厳しい環境に自生しています。そのため、葉や茎、根などに水分や栄養分を蓄える性質をもっています。なぜ、そのような仕組みを発達させたのでしょうか。多肉植物のふるさと、自生地の環境を知って、栽培のヒントとして役立てましょう。

南アフリカ Republic of South Africa

メセンからコーデックスまで珍しい植物が多数自生する

コノフィツムやデロスペルマなどのメセン類、ユーフォルビア、コーデックス、アロエなど、多種多様な多肉植物や球根植物などが自生する、多肉植物好きなら興味が尽きない南アフリカ。特に隣接するナミビア共和国まで広がる「ナマクアランド」という地域には、ここにしか生えない珍しい植物が分布することで知られています。(写真は、約16年前に撮影／靍岡貞男)

「光堂」の呼び名でも知られるパキポディウム ナマクアナムは、大きく空にそびえていた。南アフリカのナマクアランドに自生。

クラッスラ 玉稚児の群生。周りの砂礫と同化していて、見逃してしまいそう。

瓦礫が混ざる岩場で、鮮やかな花を咲かせるデロスペルマ。日本でもおなじみのマツバギクの仲間。

アロエ ピランシーは、高さ10mまで伸びる。黄色い花が遠くからでもよく目立つ。茎はタンクの役割をしており、ここに水をためている。

ハオルチア 玉扇は、窓の部分だけを土の上から出して埋まっている。

コノフィツム 雨月の群生。南アフリカにはコノフィツムがたくさん自生しており、開花期は一面に花が咲く。

エンセファラルトス ホリダスが大きな葉を伸ばしている。美しい葉がひときわ目立つ。

ユーフォルビア イネルミスは、和名で「九頭竜(ずりゅう)」と呼ばれ、ギリシャ神話のメデューサを思わせる草姿。

35

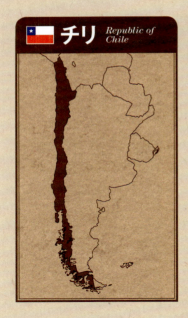

チリ Republic of Chile

世界中のサボテン・ファンが憧れる幻想的なアタカマ砂漠

南米大陸に細長く伸びるチリ。その北半分に広がるアタカマ砂漠は、サボテンのコピアポア属などの自生地として世界的に名高い地域です。

年間をとおして、ほぼ雨が降らないため、寒暖差で発生する夜露や海から蒸発する水分でできる霧を吸収して自生しているといわれます。（写真は、約15年前に撮影／靏岡貞男）

吸い込まれるような青空にそびえ立つ柱サボテンと、隣に鎮座するエリオシケ属の丸いサボテン。

砂礫が混じる岩場の間に自生しているエリオシケ サンディロン。直径は約25cmもある。

世界中のサボテン愛好家が憧れるコピアポア ギガンティアがびっしり並ぶ自生地。紺碧の空とコバルトブルーの海から立ち上る霧に包まれ、幻想的な情景。

Part 2
多肉植物の育て方 カレンダー＆カタログ

透明な窓やふわふわの毛をもつものなど、バラエティーに富んだ多肉植物。
種類ごとの詳しい栽培カレンダーと育て方のコツをご紹介します。

[このページの見方]

本書では、Chapter1ベンケイソウの仲間、Chapter2メセンの仲間、Chapter3サボテンの仲間、Chapter4アロエの仲間、Chapter5ユーフォルビアの仲間、Chapter6コーデックスと個性的な多肉植物に分け、性質や育て方が似ているものをわかりやすく紹介しています。それぞれのChapterの中では、基本的にアイウエオ順に掲載しています（一部、順番が変わっているところがあります）。なお、科名などは、分類生物学の成果を取り入れたAPG体系に準拠しています。

A 属名ごとに分け、属している科名、主な自生している場所、日本で育てる場合の生育型、根のタイプ、育てやすさを3段階（★の数が多いほど難しい）で表示。

B その種類の植物の特徴と、栽培するときのアドバイスを記載。

C 一年をとおした生育サイクルとその時期の状態、作業の適期や水やりのコツを詳しく紹介。栽培のヒントに役立てたい。

D 品種名または流通名、学名、その種の特徴や栽培上の注意を紹介。

E その種のふやし方、栽培のポイント、ふやし方のポイントなどを詳しく記載。

Chapter1 ベンケイソウの仲間

アエオニウム
Aeonium

Data
- ベンケイソウ科　カナリア諸島、北アフリカなど
- 春秋型（冬型に近い）　細根タイプ
- 難易度　★★やや難しい

特徴と栽培のコツ

花のように茎の先につくロゼット状の葉が特徴。蒸れを嫌うので、特に梅雨から夏にかけて、風通しのよい場所で育てるのがポイント。長雨に当てないように注意し、置き場所に工夫するとよいでしょう。また、冬は霜に当てるととろけるように傷むので、軒下や簡易フレームなどの暖かい場所で保護します。最低温度は5度以下にならないように気をつけます。日当たりが悪いと葉の色がさえなくなります。徒長したら切り戻して仕立て直し、切った茎は挿し穂にします。

黒法師 くろほうし
Aeonium arboreum atropurpureum 'Schwarzkopf'
シックな黒い葉が魅力で人気がある。日当たりと風通しのよい場所で大株に育てたい。

まだら黒法師 まだらくろほうし
Aeonium arboreum var. *rubrolineatum*
褐色を帯びた薄い紫色の葉に、濃い紫の斑が絞りのように入る美しい品種。

艶日傘 つやひがさ
Aeonium arboreum f. *variegata*
薄い黄色の覆輪が入る人気種。覆輪のある種の中では比較的育てやすい。

カシミアバイオレット
Aeonium 'Cashmere Violet'
黒法師に似ているが、葉が丸くて分枝がよく、ロゼット部分がコンパクトにまとまる。

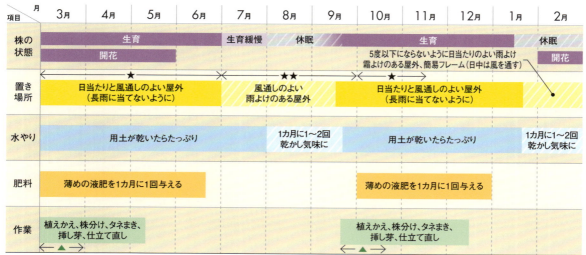

アエオニウムの栽培カレンダー　春秋型（冬型に近い）

38

明鏡 めいきょう
Aeonium tabuliforme
細かい毛が生えた明るい緑色の葉で、茎は伸びずにロゼット部分が大きくなるタイプ。

小人の祭 こびとのまつり
Aeonium sedifolium
小さな葉をつけた茎が株立ち状にたくさん集まって伸びる。アエオニウムの中では小型。

愛染錦 あいぜんにしき
Aeonium domesticum f. variegata
斑入りの葉が魅力だが、蒸れと寒さに弱く、やや育てるのが難しい。夏の葉やけに注意。

伊達法師 だてほうし
Aeonium 'Green Tea'
葉が風雅な色合い。「グリーンティー」という名前でも流通する。

リンドレイ（登天楽 とうてんらく）
Aeonium lindleyi
濃い緑色でロゼット状の肉厚な葉が美しく、とても分枝がよい。

サンバースト
Aeonium urbicum f. variegata
黄色の斑が入り、葉の先からピンクに染まる。夏は風通しのよい半日陰に置き、蒸れに注意。

Point
伸びたら切り戻して草姿を整える

黒法師や小人の祭のように、茎が木立ち状に伸びるタイプは、伸びたら切り戻して草姿を整えることができます。切った部分は切り口を乾かしてからポットに挿しておけば、根が出るのでふやせます。

暖かくなってきた春先か、秋口の夜間気温が下がってきたころが適期です。夏と冬の休眠期に切り戻しても芽が伸びず、株が傷んだり枯れたりすることがあります。作業は栽培カレンダーを参照して適期に行いましょう。

1
伸びた茎を下のほうからハサミで切る。切った穂は、挿し芽でふやせる。

2
しばらくすると、切り口の下から新しい芽が出て、葉が展開する。

明鏡錦 めいきょうにしき
Aeonium tabuliforme f. variegata
明鏡の斑入り種で、クリーム色の斑が不規則に入る。草丈が低いので、蒸れに注意。

Chapter1 ベンケイソウの仲間

アドロミスクス
Adromischus

Data
- ベンケイソウ科　南アフリカ、ナミビアなど
- 春秋型　太根＋細根タイプ
- 難易度 ★★育てやすい（一部やや難しい）

フィリカウリス
Adromischus filicaulis
個性的な模様の葉が魅力。夏は半日陰か遮光し、春と秋はよく日に当てる。風通しに注意。

ヘレー レッドドリアン
Adromischus marianiae var. *herrei* 'Red Dorian'
赤紫色で表面にデコボコした葉をもつ。夏と冬は断水し、月に1〜2回軽く霧吹き。

特徴と栽培のコツ

ふっくらとふくらんだ葉に個性的な模様や色合いが入るのが魅力。乾燥した砂漠などに自生するので、年間を通じて乾燥気味に育てるのがポイント。直接雨が当たらない場所に置きます。夏場の管理には注意が必要で、直射日光が当たらないようにします。風通しのよい半日陰に置くか、遮光するようにし、乾かし気味から断水にします。秋の生育初期がふやしやすく、挿し芽と葉挿しがおすすめ。寒さには比較的耐えますが、冬は軒下や簡易フレームなどで保護します。

ヘレー グリーンボール
Adromischus herrei 'Green Ball'
表面に凹凸のあり、ふっくらした葉。夏と冬は断水し、月に1〜2回軽く霧吹き。

サブディスティカス
Adromischus subdistichus
褐色を帯びた赤紫色の丸い葉が連なる。夏は水やりを控えめに、風通しのよい半日陰に置く。

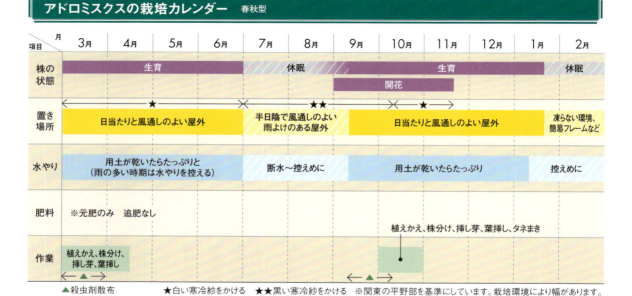

オロスタキス
Orostachys

Data
ベンケイソウ科　日本、中国、ロシアなど
冬型　細根タイプ
難易度　★★育てやすい
（一部やや難しい）

特徴と栽培のコツ

蒸れに弱いので風通しのよい場所で育てるのがポイント。特に夏は水やりを控えめにするか断水します。比較的寒さに強く、冬に凍らない地域なら軒下栽培や地植えできるものもあります。爪蓮華などの日本に自生している種もあります。斑入りの種はやや気むずかしく、夏と冬は水やりを控えます。花が咲いた株は枯れます。開花期は秋で、花茎を伸ばしてたくさんの花を咲かせます。周りにできる子株を分けるほか、ランナーの先にできる子株を切り取って植えると手軽にふやせます。

爪蓮華 つめれんげ
Orostachys japonica
日当たりのよい岩場に自生し、秋に花茎を高く伸ばして白い花をたくさん咲かせる。

子持ち蓮華 こもちれんげ
Orostachys boehmeri
冬に地下休眠するので地上部が枯れるが、春に再び芽吹く。ランナーの先に子株ができる。

子持ち蓮華錦 こもちれんげにしき
Orostachys boehmeri f. variegata
子持ち蓮華に黄色の覆輪が入る。夏は半日陰か遮光し、水やりは控える。冬も水やりは控えめに。

富士 ふじ
Orostachys iwarenge 'Fuji'
岩蓮華に白い覆輪が入る。過湿に弱いので風通しと水はけに注意。開花した株は枯れる。

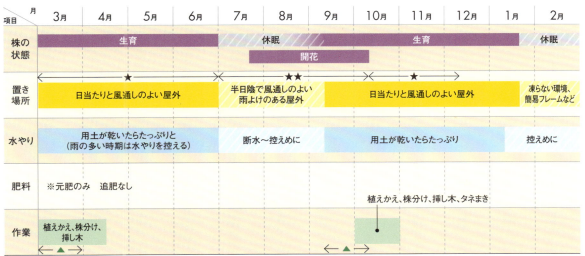

41

Chapter1 ベンケイソウの仲間

エケベリア
Echeveria

Data
- ベンケイソウ科　中米原産
- 春秋型　細根タイプ
- 難易度　★育てやすい
　　　　（一部やや難しい）

特徴と栽培のコツ

バラの花のようなロゼット型の葉が美しいので人気があります。原種から交配種まで種類も豊富。葉の色や形が多様で、秋に紅葉する品種も多く、可憐な花も咲きます。春と秋に旺盛に生育する丈夫な種類で、初心者にもおすすめです。屋外の雨よけのある場所で育て、日当たりと風通しのよい場所を選びましょう。日当たりが悪いと徒長します。夏は株の中心部分に水がたまると傷むので、水滴がたまった場合はストローなどで吹いて水を飛ばすとよいでしょう。春か秋に挿し芽や葉挿しでふやします。

花うらら はなうらら
Echeveria pulidonis
葉の先端が赤く染まり、青みがかった葉。黄色いベル形の花が鈴なりに咲く。

ベンバディス
Echeveria 'Ben Badis'
独特な渋いグリーンの交配種。小型で丸い葉の爪先から葉の先端が紫に色づく。

エボニー
Echeveria 'Ebony'
三角のシャープな葉がきれい。葉のエッジ部分から赤から黒のラインが入る。

ラウィー
Echeveria lauii
肉厚な丸葉で真っ白いワックスが特徴。強光と寒さに強く、高温多湿を嫌う。

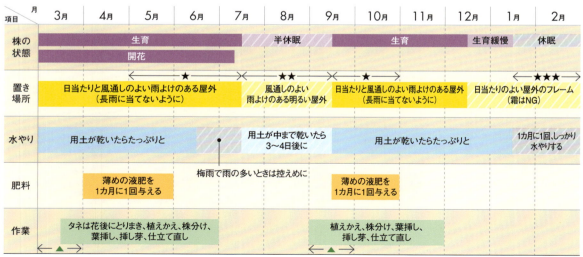

エケベリアの栽培カレンダー　春秋型

▲殺虫剤散布　　★白い寒冷紗をかける　★★黒い寒冷紗をかける　※関東の平野部を基準にしています。栽培環境により幅があります。
★★★夜は屋内に入れる

ブラウンローズ
Echeveria 'Brown Rose'
ニュアンスのあるモスグリーンから茶褐色の葉で、整ったロゼット型になる。

トリマネンシス
Echeveria tolimanensis
棒状の葉は先端が尖り、白い粉で覆われる。性質は強健で、花がたくさん咲く。

古紫 こむらさき
Echeveria afinis
夏は風通しのよい半日陰に置き、蒸れに注意。春と秋によく日に当てると濃い紫色になる。

ネオンブレーカーズ
Echeveria 'Neon Breakers'
紫色の葉が鮮やかな濃いピンクで縁取られ、遠くからでも目をひく。

ミッドウエイ
Echeveria 'Midway'
葉の中央部分が不規則に盛り上がる個性的な姿。葉に水がたまらないように注意。

青い渚 あおいなぎさ
Echeveria setosa var. *minor*
細かい毛と青みのある葉。夏の暑さと蒸れに弱いので、風通しのよい半日陰に置く。

エケベリアのふやし方

用意するもの：鉢（2.5号）、鹿沼土（中粒）、多肉植物の用土、ゼオライト（小粒）、ハサミ、土入れ、殺虫剤（オルトランDX粒剤）　**苗**：エケベリア サンチェスメヨダラエ

1 親株の周囲にできた子株をハサミで切り離す。茎をできるだけ長くつけて切るとよい。

2 茎についている傷んだ葉や茎をていねいに取り除く。

3 バランスが悪い葉をつけ根からとり、茎を1.5cm以上出す。切り口を半日陰で1日乾かす。

4 鉢の底などを利用して茎が曲がらないように立て、2～3日このまま乾かす。

5 鉢の底に鹿沼土の中粒を約2cmの深さに入れる。

6 用土を約2cm入れて殺虫剤を約0.5g入れ、用土を足す。

7 4の挿し穂を支えながら用土を足し、表面にゼオライトを敷く。

8 3ではずした葉を乾かし、用土を入れた鉢に置くと根が出てくる。

9 植え込んだら、鉢底からきれいな水が出るまで水やりする。

Chapter1 ベンケイソウの仲間

カンテ
Echeveria cante
生長すると直径が約30cmになる大型種。葉が白い粉で覆われ、秋に葉の縁が赤く染まる。

チワワエンシス
Echeveria chihuahuaensis
黄緑色で白い粉をまとった肉厚の葉。中型で葉の先端がピンクを帯びる。

ジェイドスター
Echeveria agavoides 'Jade Star'
つやのある薄い紫色の葉が、生長するにつれてモスグリーンに近い色になる。

ファンタジアキャロル
Echeveria 'Fantasia Carol'
鮮やかな緑色の細い葉で、先端がほんのり紫色になる。生育旺盛な中型種。

ラウリンゼ
Echeveria 'Laulindsayana'
白い粉を帯び、縁にピンクが入る葉。夏にオレンジ色の花が咲く。過湿に注意する。

トプシータービー
Echeveria runyonii 'Topsy Turvy'
ルンヨニーの突然変異種で、葉が逆に折れ曲がっている不思議な形。生育旺盛な種。

グリーンスマイル
Echeveria 'Green Smile'
モスグリーンに赤紫を帯びた複雑な色みの葉で、生育は遅め。小型種。

花いかだ錦 はないかだにしき
Echeveria 'Hanaikada' f. *variegata*
花いかだの斑入り種で、不規則に入る黄い斑が複雑な色合いになる。

クリスマス
Echeveria 'Christmas'
プリドニスとアボガイデスの交配種。別名、プリドニス グリーンフォーム。

ファイヤーリップ
Echeveria 'Fire Lip'
つやのある明るい緑色の葉がたくさん重なる。名のとおり葉の縁が赤くなる。中型種。

野ばらの精 のばらのせい
Echeveria 'Nobaranosei'
マットなブルーグリーンの葉が美しい中型種。蒸れに注意すればよく育つ。

高砂の翁 たかさごのおきな
Echeveria 'Takasagono-okina'
フリル状の葉で、秋にオレンジ色の花が咲き、紅葉も美しい。直径30cmほどになる大型種。

花筏ノリ斑 はないかだのりふ
Echeveria 'Hanaikada' f. *variegata*
グレーを帯びたモスグリーンに赤紫色の柄が入る独特の色彩。風通しに注意。

白鳳 はくほう
Echeveria 'Hakuhou'
日本で作出された交配種で、淡いブルーグリーンの葉にうっすらとピンクが差す。

七福神 しちふくじん
Echeveria 'Shichifukujin'
風通しよく、春と秋に日当たりのよい場所で育てれば夏にピンクの花を咲かせる。中型種。

キャロル
Echeveria 'Carol'
黄緑色の葉の表面に白く細かい毛が生える。蒸れに注意し、風通しがよい場所で育てる。

モノケロティス錦 ものけろてぃすにしき
Echeveria 'Monocerotis'
葉は表が紫を帯びた濃い緑で、不規則にクリーム色の斑が入る。赤紫色の縁取りがある。

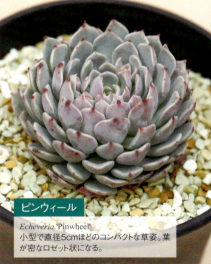

ピンウィール
Echeveria 'Pinwheel'
小型で直径5cmほどのコンパクトな草姿。葉が密なロゼット状になる。

45

Chapter1 ベンケイソウの仲間

ポリリンゼ
Echeveria 'Poririnze'
リンゼアナとプロリフェラの交配。赤い縁取りが先端部から側面にかけて太めに入る。

ニバリス
Echeveria 'Nivalis'
白い粉で覆われ、青みを帯びた美しい葉で、先端に赤紫色が差す。夏場の蒸れに注意。

花月夜 はなつきよ
Echeveria 'Crystal'
小型で直径10cmほどのかわいらしい草姿が人気。エレガンスとプリドニスの交配種。

ローラ
Echeveria 'Lola'
ティッピーとリラシナの交配種。夏は半日陰で蒸れに注意して管理する。

ウエストレインボー
Echeveria 'West Rainbow'
パールフォンニュルンベルグの斑入り種。夏の蒸れにやや弱い。

ピンクザラゴーサ
Echeveria cuspidata var. 'Pink Zaragozae'
葉の裏と縁がほんのりピンクを帯びるのが魅力。葉の中心部分に水をためない。

Point
葉の間に水がたまったらストローで吹いて落とす

エケベリアは、葉が中心に集まったロゼット状で、株の中央部に水がたくさんたまることがあります。いつまでも水がたまったままだと株が傷んだり、病気の原因になることも。特に生育期以外の夏や冬は注意しましょう。ストローを使って吹き飛ばすと、手軽にたまった水を落とせます。

1

水やりしたあと、株の中央部に水がたまっている状態。

2

ストローで吹いて、たまった水滴を吹き飛ばすと、きれいに水が落とせる。

ロンギシマ
Echeveria longissima var. *longissima*
小型でデリケートな原種。夏は直射日光で葉やけを起こすので注意。縁が濃い紫色。

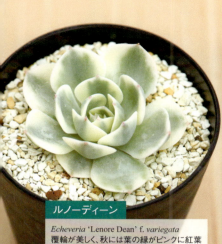

ルノーディーン
Echeveria 'Lenore Dean' f. *variegata*
覆輪が美しく、秋には葉の縁がピンクに紅葉する。蒸れと強い日差しに注意。

ノバジン
Echeveria 'Nobajin'
花和神とノバヒネリアナの交配種。ふっくらした葉がうっすらと白い粉で覆われる。

モラニー
Echeveria moranii
高山性で、暑さに弱いため、夏は風通しのよい半日陰に置き、水やりは控えめにする。

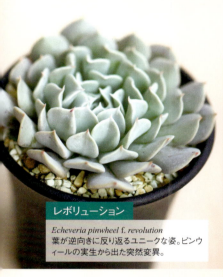

レボリューション
Echeveria pinwheel f. *revolution*
葉が逆向きに反り返るユニークな姿。ピンウィールの実生から出た突然変異。

メキシカンジャイアント
Echeveria colorata 'Mexican Giant'
名のとおり、成熟すると直径30cmほどの巨大になる。株の周りに子株ができやすい。

ロビン
Echeveria 'Robin'
グロブローサとラウィーの交配種。株が充実すると、周りに子株ができやすい。

デザートスター
Echeveria 'Desert Star'
グレーを帯びた渋い緑からシックな紫色で、葉の縁に細かいフリルがたくさん入る。

アイスグリーン
Echeveria 'Ice Green'
ラウィーとエレガンスの交配種。透明感のある緑色の葉で、秋はピンクに紅葉する。

オンスロー
Echeveria onslow
中型で整ったロゼット型。蒸れに弱いので、風通しのよい半日陰で乾かし気味に管理する。

Chapter1 ベンケイソウの仲間

カランコエ
Kalanchoe

Data
- ベンケイソウ科
- マダガスカル島など
- 夏型が中心
- 太根タイプ（一部細根タイプ）
- 難易度 ★★育てやすい（一部やや難しい）

子宝弁慶草 こだからべんけいそう
Kalanchoe daigremontiana
葉っぱの縁に生える小さな子株からふやせる。蒸れに弱いので、夏は風通しのよい場所に。

ゴールデンラビット（黄金月兎耳 おうごんつきとじ）
Kalanchoe tomentosa 'Golden Girl'
黄色の細かい毛で覆われ、輝いて見える。葉の縁は薄くて不規則。冬は5度以上を保つ。

特徴と栽培のコツ

マダガスカル島を中心に、南アフリカ、東アフリカ、インド、マレー半島、中国などに分布し、比較的寒さに弱い性質があります。冬の休眠期は5〜10度以下にならないように温室や簡易フレームで保護し、断水か月に2回軽く霧吹きする程度にします。10度以下になると、秋ではなく春に花が咲くことがあります。いくつかの種は、葉の鋸歯部分に生長点をもっており、そこから子株を伸ばしてふえるのが大きな特徴です。

仙人の舞 せんにんのまい（オルギアリス）
Kalanchoe orgyalis
マダガスカル島原産。葉は卵形で、褐色の微毛が密に生える。風通しに注意。生育が遅い。

ジャイアントラビット
Kalanchoe tomentosa 'Giant'
ひなたを好むが、夏は直射日光を避け、風通しと過湿に注意。冬の厳寒期は断水する。

カランコエの栽培カレンダー　夏型が中心

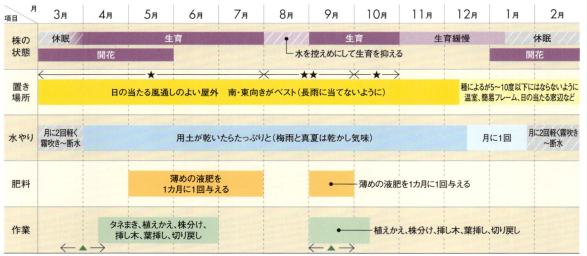

▲殺虫剤散布　★白い寒冷紗をかける　★★黒い寒冷紗をかける　※関東の平野部を基準にしています。栽培環境により幅があります。

48

孫悟空 そんごくう
Kalanchoe tomentosa 'Songokuu'
茶色の毛がかわいい。夏は直射日光と過湿による蒸れを避ける。

月兎耳 つきとじ
Kalanchoe tomentosa
マダガスカル島原産。葉の縁に茶色の破線が入る。冬は5度以上を保ち、水やりを控える。

テディベア
Kalanchoe tomentosa 'Teddy Bear'
夏は直射日光を避けるが、日当たりと風通しがよい場所で乾燥気味に育てるとよい。

カランコエのふやし方

用意するもの：鉢（2.5号）を数個、鹿沼土（中粒）、多肉植物の用土、ゼオライト（小粒）、ハサミ、土入れ、殺虫剤（オルトランDX粒剤）、発根促進剤（ルートン）　**苗**：カランコエ 月兎耳

1 親株の周囲にできた子株をハサミで切り離す。茎をできるだけ長くつけて切るとよい。

2 切り口から再び子株が伸びるので、親株の表面は乾くように出しておく。

3 切った子株の切り口が乾かないうちに、発根促進剤をまぶす。

4 土に挿す長さが足りないものや下葉のバランスが悪いものは、横にひねって数枚はずす。

5 4ではずした下葉の切り口にも、乾かないうちに発根促進剤をまぶす。

6 子株や下葉の切り口を乾かす。3〜4日、風通しのよい半日陰に置くとよい。

7 鉢の底に鹿沼土を約2cmの深さに入れる。底穴が大きい場合は鉢底ネットを使用する。

8 7の上から用土を2cmくらい入れる。

9 8に殺虫剤を約0.5g入れ、さらに用土を入れる。

10 6の子株を片手で持ちながら用土を足して植えつける。

11 表面にゼオライトを薄く敷く。

12 バーミキュライトや用土を入れた鉢を用意する。

13 6で乾かした下葉を12の鉢土の上に置くと、根が出てくる。

14 植えつけ後、すぐに水をたっぷり与える。13の葉も、根が出たら植えつけて水やりする。

Chapter1 ベンケイソウの仲間

福兎耳 ふくとじ
Kalanchoe eriophylla
マダガスカル島原産。別名は白雪姫で可憐なピンクの花。生育は遅め。冬は5度以上を保つ。

フミリス
Kalanchoe humilis
南アフリカ原産。独特の複雑な模様が魅力。小型で横に広がる。夏の蒸れと冬の寒さに注意。

冬もみじ ふゆもみじ
Kalanchoe grandiflora 'Fuyumomiji'
よく日に当てると秋はオレンジ色に紅葉する。花は黄色。冬は水やりを控えて5度以上を保つ。

ミロッティー
Kalanchoe millotii
マダガスカル島原産。細かい毛に覆われたやさしい緑色で褐色に紅葉する。風通しに注意。

白銀の舞 はくぎんのまい（プミラ）
Kalanchoe pumila
例外的な冬型の生育サイクル。白い粉を帯びた葉が魅力。ピンクの花を春に咲かせる。

不死鳥 ふしちょう
Kalanchoe 'Phoenix'
細い葉に複雑な模様が入る。葉の縁から子株ができる。日当たりが悪いと葉色がさえない。

Point
葉の生長点から子株が伸びるカランコエの不思議

カランコエの中には、葉の鋸歯部分に生長点がある種があり、葉挿しにすると生長点から子株ができてふやせます。子宝弁慶草や不死鳥、セイロンベンケイなどは、葉が親株についているうちからたくさんの子株を伸ばします。

子株は日本の夏の蒸れに弱いので、そのままにしておくと傷んでとろけるように枯れてしまいます。ふやしたい場合は、2～3cmほどに育ったら親株から切り離して小さめのポットか鉢に植えつけ、風通しがよく明るい半日陰に置き、水はけのよい用土で育てます。

1

生育期に入ったばかりの子宝弁慶草。葉のくぼみに生長点があるのがわかる。

2

夏になると、葉の生長点にたくさんの子株が育ってくる。

クラッスラ
Crassula

Data
- ベンケイソウ科　アフリカ南部～東部など
- 春秋型（冬型に近い）　細根タイプ
- 難易度　★★育てやすい（一部やや難しい）

特徴と栽培のコツ

アフリカを中心に自生し、変化に富んだ多肉質の葉をもつ、多肉植物の代表的なグループです。種によって生育型が異なり、最も多いのは冬型に近い春秋型ですが、夏型に近い種もあります。夏の暑さが嫌いなものから大丈夫なものまで、いろいろな性質があります。常に風通しよく育て、夏は直射日光を避けて乾かし気味に管理します。関東平野部以西の温暖地なら、冬は南や東向きの軒下やベランダなどで栽培できます。

アイボリーパゴダ
Crassula 'Ivory Pagoda'
春秋型。白く微細な毛に覆われ、短い葉が積み重なって伸びる。夏と冬は水やりを控える。

茜の塔　あかねのとう
Crassula capitella
春秋型。日当たりと風通しがよいところで育てると葉色が鮮やかになる。春に白い花が咲く。

エスタニョール
Crassula 'Estagnol'
春秋型。高温多湿を避け、風通しのよい場所で育てる。夏は水やりを控え、半日陰で管理。

大型緑塔　おおがたりょくとう
Crassula pyramidalis
春秋型。緑塔より太い。明るい半日陰で風通しよく育て、夏は水やりを控える。霜に当てない。

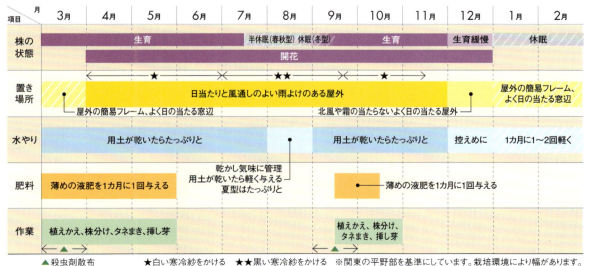

春秋型（冬型）　玉稚児、玉椿、稚児姿、神麗、キムナッキー、エレガンス、小夜衣、緑塔　夏型　金のなる木など

Chapter1 ベンケイソウの仲間

紀の川 きのかわ
Crassula 'Moonglow'
春秋型。夏は直射日光を避け、水やりを控えて風通しよくする。冬は霜に当てない。

キムナッキー
Crassula 'Kimnachii'
春秋型。夏は風通しのよい半日陰で水やりを控え、真夏は断水する。真冬も断水したほうがよい。

キムナッキー錦 きむなっきーにしき
Crassula 'Kimnachii' f. *variegata*
春秋型。黄色い斑の先がほんのりピンクになる。キムナッキーと同様に夏と冬の管理に注意。

銀箭 ぎんぞろえ
Crassula mesembrianthoides
春秋型。日当たりと風通しのよい場所で乾燥気味に育てるとよい。冬は凍結に気をつける。

ゴーラム
Crassula portulacea 'Golum'
夏型。金のなる木の変種。日当たりと風通しのよい場所で育て、冬は凍結に注意。

数珠星 じゅずぼし
Crassula 'Baby's Necklace'
春秋型。通年、日当たりと風通しのよい場所で水やりは控えめにする。冬は霜と凍結を避ける。

Point
群生する株は切って挿し芽する

クラッスラには、親株の周りに子株を出し、群生してふえるタイプが多くあります。子株を分けてもふやせますが、生育期に入る春先と秋口に、わきから伸びた茎をつけ根から切り、挿し芽をしても簡単にふやせます。切り口を乾かしてから用土に挿しておくと根が出ます。

たくさんわき芽が伸びているエスタニョール。蒸れ防止にもなるので、ハサミでつけ根から切り、挿し芽でふやす。

シルバースプリングタイム
Crassula 'Silver Springtime'
春秋型。強健種同士の交配で、育てやすい。日当たりを好むが、真夏は少し遮光する。

玉稚児 たまちご
Crassula arta
春秋型。真夏以外は日当たりと風通しのよい屋外で育てる。水やりは控えめにする。

ダルマ緑塔 だるまりょくとう
Crassula pyramidalis var. *compactu*
春秋型。緑の葉が密に重なり、周囲から子株が出て群生。春に白くて芳香がある花が咲く。

稚児姿 ちごすがた
Crassula deceptrix
春秋型。日当たりを好むが、夏は風通しのよい半日陰で管理。真夏と真冬は水やりを控える。

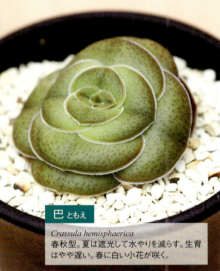

巴 ともえ
Crassula hemisphaerica
春秋型。夏は遮光して水やりを減らす。生育はやや遅い。春に白い小花が咲く。

ビッグホーン
Crassula portulacea 'Big-horn'
夏型。ゴーラムの変種で、葉が独特の形。日当たりと風通しよく育て、冬の凍結に注意。

紅葉祭り もみじまつり
Crassula capitella
春秋型。強健で屋外のひなたで育てる。寒冷地以外は屋外で冬越しできる。紅葉がみごと。

姫花月 ひめかげつ
Crassula ovata
夏型。根腐れしやすいので乾燥気味に。日当たりのよい場所で育て、冬の凍結に注意。

姫緑 ひめみどり
Crassula muscosa var. *pseudolycopodioides*
春秋型。繊細な葉で、夏の蒸れと直射日光に弱い。風通しに注意。挿し芽でふやしやすい。

フェルグソニアエ
Crassula fergusoniae
春秋型。日当たりを好むが、夏は直射日光を避け、明るい半日陰に。冬は乾燥気味に。

Chapter 1 ベンケイソウの仲間

プベスケンス
Crassula pubescens
春秋型。日当たりと風通しよく育てると葉色がさえる。夏は遮光して水やりを減らす。

星乙女 ほしおとめ
Crassula perforata
春秋型。夏は過湿による根腐れと強い直射日光に注意。葉に水がたまらないようにする。

舞乙女 まいおとめ
Crassula 'Jade Necklace'
春秋型。夏は直射日光を避け、半日陰で風通しよく、水やりは控えめにする。蒸れに注意。

緑蛇 みどりへび
Crassula muscosa f.
春秋型。暑さと寒さに強く、挿し芽でふえやすい。梅雨と冬の過湿に気をつける。

南十字星 みなみじゅうじせい
Crassula perforata f. variegata
春秋型。真夏は半日陰で水やりを控え、風通しよく管理。挿し芽でふやすとよい。

クラッスラsp. トランスバール
Crassula sp. transvaal
春秋型。夏は過湿による根腐れと強い直射日光に注意。葉が赤紫色に紅葉する。

夢殿 ゆめどの
Crassula cornuta
春秋型。寒さに弱いので、冬は霜に当たらないように保護する。夏は直射日光を避ける。

レモータ
Crassula remota
春秋型。日当たりと風通しのよい場所で乾燥気味に育てる。冬は凍結しないように注意。

若緑 わかみどり
Crassula lycopodioides var. pseudolycopodioides
春秋型。比較的暑さと寒さに強いが、霜に当てないように注意。日照不足だと徒長する。

グラプトペタルム
グラプトセダム

Graptopetalum
Graptosedum

Data
ベンケイソウ科　メキシコなど
春秋型　細根タイプ
難易度　★育てやすい
　　　　（一部やや難しい）

朧月　おぼろづき
Graptopetalum paraguayense
暑さにも寒さにも強く、霜や凍結に気をつければ屋外で育てられる強健種。春に開花。

酔美人　すいびじん（アメチスティヌム）
Graptopetalum amethystinum
日当たりと風通しのよい場所で育て、夏は水を控えて乾かし気味に。日照不足だと徒長する。

秋麗　しゅうれい
Graptosedum 'Francesco Baldi'
朧月とセダム 乙女心の交配種。丈夫で育てやすく、屋外でも栽培できる。

ブロンズ姫　ぶろんずひめ
Graptosedum 'Bronze'
朧月が交配親となる美しい種。紅葉すると、ブロンズ色がさらに濃くなる。

特徴と栽培のコツ

葉がロゼット状に展開して茎が伸びる種類が多い。関東以西の暖地の露地栽培では、朧月などをよく見かけます。一年中よく日の当たる場所で、風通しのよい棚の上で機嫌よく生育します。日当たりを好み、丈夫で育てやすい種類です。一部に夏の高温多湿が嫌いな種類もあり、姫秋麗、アメチスティヌムなどは、夏は水やりを少なめにして乾かし気味に育てます。グラプトセダムは、グラプトペタルムとセダムとの交配種です。

グラプトペタルム、グラプトセダムの栽培カレンダー　春秋型

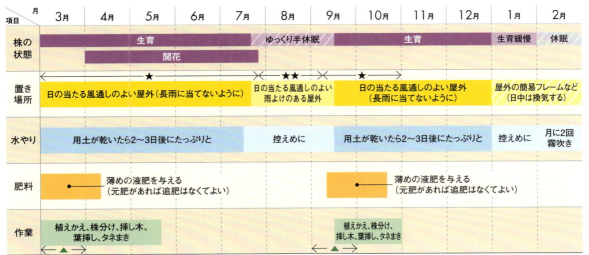

▲殺虫剤散布　　★白い寒冷紗をかける　　★★黒い寒冷紗をかける　　※関東の平野部を基準にしています。栽培環境により幅があります。

Chapter1 ベンケイソウの仲間

グラプトベリア
Graptoveria

Data
ベンケイソウ科　メキシコなど
春秋型　細根タイプ
難易度　★育てやすい

白牡丹 しろぼたん
Graptoveria 'Titubans'
白くぷっくりとした葉が魅力。寒さに強く、枝が垂れ下がるように分岐して大きくなる。

ティツバンス錦 てぃつばんすにしき
Graptoveria 'Titubans' f. *variegata*
白牡丹の斑入り種。秋には淡いピンクに染まる。夏の蒸れと直射日光による葉やけに注意。

特徴と栽培のコツ

グラプトペタルムとエケベリアの属間交配種です。グラプトペタルムよりも性質が強く、さらに丈夫で育てやすくなっていますが、暑さと蒸れが苦手です。特に夏は風通しよく管理するとよいでしょう。葉はロゼット状で肉厚、葉の色はニュアンスのあるかわいい色のものが多いのが特徴です。白牡丹のように、一年中屋外での栽培が可能な強健種もあります。挿し芽や葉挿しでもふやしやすく、作業は生育期に行います。

初恋 はつこい
Graptoveria 'Huthspinke'
ほんのりピンクの葉で紅葉はさらにピンクがさえる。比較的耐寒性もあり、育てやすい。

マーガレットレッピン
Graptoveria 'Margarete Reppin'
フィリフェルムと白牡丹の交配種。秋にはピンクになる。愛らしいロゼット型。

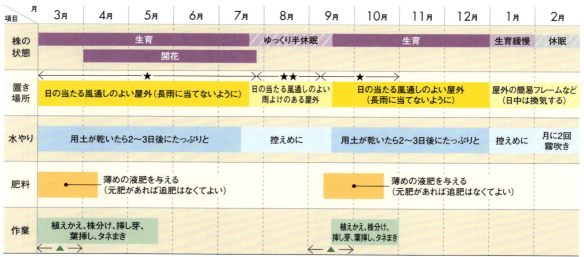

グラプトベリアの栽培カレンダー　春秋型

▲殺虫剤散布　　★白い寒冷紗をかける　　★★黒い寒冷紗をかける　　※関東の平野部を基準にしています。栽培環境により幅があります。

コチレドン
Cotyledon

Data
ベンケイソウ科　南アフリカなど
春秋型　細根タイプ
難易度　★★★やや難しい

銀波錦 ぎんばにしき
Cotyledon undulate
縁が波打ち、扇状でシックなシルバーグレーの葉色。葉に水をかけないように管理。

熊童子 くまどうじ
Cotyledon ladismithiensis
ふくらんだ葉の先が紅色になる人気種。夏の高温多湿が苦手なので、風通しのよい場所に。

熊童子錦 くまどうじにしき
Cotyledon ladismithiensis f. variegata
熊童子の斑入り種。夏は蒸れと直射日光を避け、風通しのよい半日陰で乾かし気味にする。

特徴と栽培のコツ

プックリとした葉や、葉に赤く縁取りがあるものなど、動物のような形でかわいい草姿が多く、人気があるグループです。生育サイクルは春秋型で、夏の高温多湿が苦手なため、夏は強い直射日光を避け、風通しよくして乾かし気味に管理します。葉挿しでふえにくいため、ふやす場合は生育期に茎をつけて切り、挿し芽にします。葉に細かい毛が生えているものや白い粉があるものには、葉に直接水をかけず、用土に水やりするようにします。

多肉植物 Q&A

Q 葉に生えている毛は、落としてもいいのですか？

A 葉が傷むので、できるだけ落とさないように管理します。

葉の表面に生えている細かい毛や、白い粉は、強い光や乾燥から葉を保護するために発達したものなので、落とさずに育てましょう。無理に落とすと傷むことがあります。水やりの際はできるだけ葉にかけず、用土に与えるとよいでしょう。

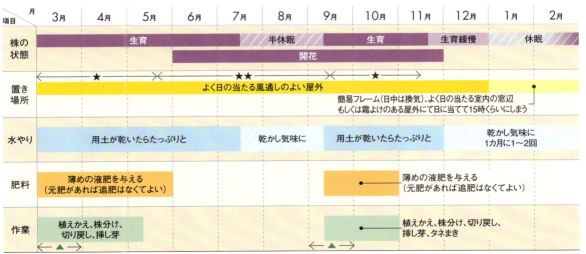

コチレドンの栽培カレンダー 春秋型

Chapter1 ベンケイソウの仲間

子猫の爪 こねこのつめ
Cotyledon ladismithiensis 'Konekonotsume'
熊童子よりも小型で愛らしい草姿。過湿に弱いため、夏と冬は乾燥気味に管理する。

嫁入り娘 よめいりむすめ
Cotyledon orbiculata 'Yomeiri-Musume'
白い粉は落とさず、葉に水をかけない。赤い縁が美しく、秋は葉の全体が紅葉する。

ふっくら娘 ふっくらむすめ
Cotyledon orbiculata 'Fukkra'
夏と冬は乾燥気味に。日照不足だと徒長しやすいので、春と秋はよく日に当てて育てる。

ペンデンス
Cotyledon pendens
這うように伸びて赤い花が咲く。夏は直射日光を避け、明るい半日陰で乾燥気味にする。

Point

コチレドンは茎をつけて切り、挿し芽でふやす

コチレドンは葉挿しではふえにくいため、繁殖するなら挿し芽を行います。木化して茶色くなった茎を長めにつけて分岐したつけ根からハサミで切り、切り口を乾かしてから乾いた用土に挿します。できるだけ茎を長めにつけて挿し穂を作るのがポイントです。
挿し芽したポットは風通しがよい明るい半日陰で管理します。水やりは1週間から10日たってから開始します。

株元から複数の茎が伸びて、やや混み合ってきた熊童子錦。風通しが悪いと夏越ししにくいため、混み合ってきた株は春に間引きをかねて挿し穂を作り、ふやしておくとよい。

動物の姿に似た印象があることから、「アニマルシリーズ」のニックネームもあるコチレドン。ナチュラルな鉢に植えて愛らしい姿を楽しみたい。(写真は熊童子錦)

58

シノクラッスラ
Sinocrassula

Data
- ベンケイソウ科　中国など
- 春秋型（冬型に近い）　細根タイプ
- 難易度　★★育てやすい
　　　　（一部やや難しい）

インディカ
Sinocrassula indica
小型で小さな花のような草姿。わき芽を出してふえ、秋には真っ赤に紅葉する。

四馬路 すまろ
Sinocrassula yunnanensis
中国原産の細くて長い葉をもつ、ユニークなロゼット型。日照が十分だと漆黒で美しい。

特徴と栽培のコツ

中国からヒマラヤ地方に自生するセダム属の近縁種。原生地が冷涼な高山なので、日本での栽培は、夏の高温多湿が苦手な種が多い。初夏から夏は風通しのよい場所に置き、乾かし気味に管理しましょう。花が咲くとその株は枯れてしまいますが、親株の周りから子株が出て、ふえていきます。冬は比較的寒さに強いのですが、凍結しないように気をつけ、水やりを控えて乾燥気味に育てます。

シノクラッスラの栽培カレンダー　春秋型（冬型に近い）

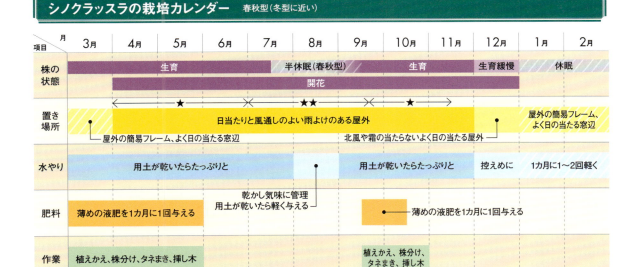

Chapter1 ベンケイソウの仲間

セダム
Sedum

Data
- ベンケイソウ科　世界各地
- 春秋型　細根タイプ
- 難易度　★育てやすい
　　　　　（一部やや難しい）

特徴と栽培のコツ

世界中に自生地が分布する大きなグループです。プクプクとかわいい多肉質の葉をもっているものが多く、寄せ植えに向く多肉植物としても人気があります。虹の玉、オーロラを代表として、紅葉が美しい種が多いのも特徴です。生育は春秋型で、寒さに強い種が多く、東京などの関東平野部以西なら屋外で管理できるのも魅力です。毛があるものや葉が細かいもの、一部の高山性の種などは、梅雨や夏の雨に当てると蒸れて傷むので、軒下などで雨に当てないほうがよいでしょう。

ウィンクレリー
Sedum winkrelii
明るい葉色で小さなロゼット型。周囲に子株を伸ばしてふえる。葉にはやや粘性がある。

オーロラ
Sedum rubrotinctum f. variegata
虹の玉の斑入り種で、秋の紅葉が美しい。丈夫で屋外でも栽培できる。寄せ植えに向く。

玉蓮　ぎょくれん
Sedum furfuraceum
木質化した茎に濃い緑色で丸い葉をたくさんつける。葉の表面に白く細かい模様がある。

クラバツム
Sedum clavatum
肉厚のロゼット型で、わき芽を伸ばして群生する。秋は葉の先端がピンクに紅葉する。

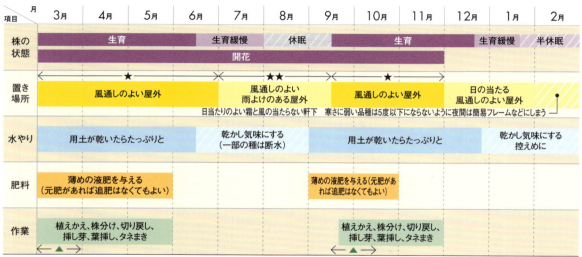

セダムの栽培カレンダー　春秋型

▲殺虫剤散布　　★白い寒冷紗をかける　　★★黒い寒冷紗をかける　　※関東の平野部を基準にしています。栽培環境により幅があります。

小松緑 こまつみどり
Sedum multiceps
松の盆栽のように生長する小型のセダムで、葉は茎の先端に密集する。風通しを好む。

スアベオレンス
Sedum suaveolens
エケベリアかと思うほど大きなロゼット型で、夏の蒸れと直射日光が苦手。

スプリングワンダー
Sedum 'Spling Wander'
小さなロゼット型で紅葉は紫色。春に咲くピンクの花も可憐。蒸れに気をつける。

虹の玉 にじのたま
Sedum rubrotinctum
丈夫で屋外でも栽培でき、秋には紅葉が美しい。挿し芽でも葉挿しでもふえる。

パープルヘイズ
Sedum dasyphyllum var. *glanduliferum*
姫星美人の仲間で、秋の紅葉で紫色に染まる。夏の直射日光と蒸れに弱い。

春萌 はるもえ
Sedum 'Alice Evans'
明るい黄緑色が美しく、セダムでは大型のロゼット型。育てやすくてふえやすい。

セダムのふやし方

間延びして、下葉がなくなったセダム 恋心。伸びた茎から根が伸びている。

1

できるだけ長めに茎をつけ、根の下をハサミで切り離す。

2

長すぎる徒長した茎は、挿し芽にしたときに土に挿す部分を確保して切る。

3

残す株の仕立て直し。長すぎる茎は株元から1〜2cm残して切り取る。

4

仕立て直した親株と挿し穂。挿し穂3本は用土を入れたポットに植え、不要な茎は処分する。

Chapter1　ベンケイソウの仲間

姫星美人　ひめほしびじん
Sedum dasyphyllum
蒸れに弱く、夏の直射日光が苦手。ブルーグレーの葉が密集してふえる。

プロリフェラ
Sedum 'Prolifera'
肉厚で可憐なロゼット型。生長が遅く、わき芽を伸ばしてふえる。夏の蒸れに注意。

マジョール
Sedum dasyphyllum 'Major'
姫星美人の仲間で、小さく丸い葉が集まって群生する。日照不足だと間延びする。

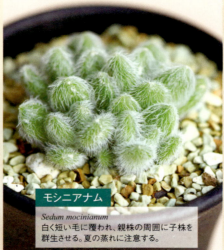

緑亀の卵　みどりがめのたまご
Sedum hernandezii
日照不足だと色がさえずに徒長するので、日によく当てて育てる。水やりは控えめに。

モシニアナム
Sedum mocinianum
白く短い毛に覆われ、親株の周囲に子株を群生させる。夏の蒸れに注意する。

Point
セダムは寄せ植えに向く丈夫なグループ

屋外で栽培できる丈夫なセダムは、寄せ植えにも適した多肉植物。虹の玉やオーロラなどは、日当たりと風通しのよい屋外なら、手をかけなくても自然にふえて大株になります。秋の紅葉も美しいので、何種類か混ぜて植えると、宝石のようなかわいらしい寄せ植えを楽しめます。

紅葉したオーロラと、虹の玉の寄せ植え。

Point
セダムを早くふやすには挿し芽がおすすめ

セダムは丈夫で、株分け、挿し芽、葉挿しなどでよくふえます。効率よく早く株数をふやすなら、挿し芽がおすすめ。茎を長めにつけて切り、切り口を乾かしてから用土に挿します。土に挿す位置にある下葉は落とし、用土を入れた鉢に置くと、時間はかかりますが発根して苗になります。

玉蓮は茎が太く、株立ち状になるので、挿し芽も成功しやすい。

八千代　やちよ
Sedum corynephyllum
葉が上を向いて伸びる独特の草姿。秋には葉の先端が紅葉する。夏は涼しく過ごさせる。

レッドベリー
Sedum rubrotinctum 'Redberry'
虹の玉より小型で小さな葉がびっしりと密につく。夏は蒸れに注意して水やりは控えめに。

センペルビウム
Sempervivum

> **Data**
> ベンケイソウ科　ヨーロッパの高山地帯など
> 春秋型（冬型に近い）　細根タイプ
> 難易度 ★★ 育てやすい
> （一部やや難しい）

特徴と栽培のコツ

主に南アルプス原産で、ヨーロッパ～ロシアの山岳地、寒冷地に広く自生しています。寒さに強く、冬でも屋外で越冬可能です。整ったロゼット型の草姿が魅力で、寒さに当てると真っ赤に紅葉し美しさが際立ちます。暖かくなると本来の葉色に発色します。生育期はひなたから半日陰で管理し、乾燥には強いので、水は用土の表面が乾いてから与えます。水の与えすぎは根腐れの原因になるので注意します。関東平野部以西では通年屋外に置きます。夏は半休眠するので、少し遮光して涼しく過ごさせます。

アグロウ
Sempervivum 'Aglow'
中型で、葉の枚数はやや多め。モスグリーンのつやがある葉で、明るい赤が目立つ。

アリオニー
Sempervivum allionii
小型の原種のひとつで、ヨーロッパの寒冷地に広く自生。細めで明るい黄緑色の葉。

アロス
Sempervivum 'Aross'
小中型種で、紅葉すると細長い葉を赤に染める。子株でよくふえるので群生にしやすい。

大紅巻絹　おおべにまきぎぬ
Sempervivum 'Ohbenimakiginu'
やや大型で、葉の先端に白い綿毛が集まってつくのが特徴。真っ赤に紅葉する。

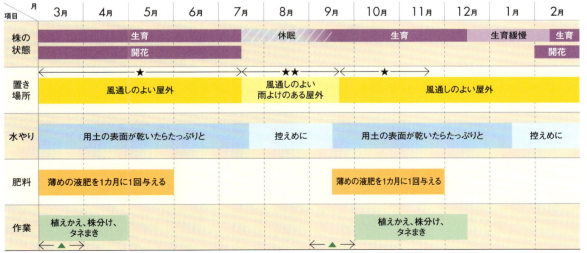

63

Chapter1 ベンケイソウの仲間

オデッティー（百恵 ももえ）
Sempervivum tectorum 'Oddity'
ユニークな姿。筒状の葉は水分が多いと長くなり、乾燥したひなたほど短く、密になる。

オハイオバーガンディー
Sempervivum 'Ohio Burgundy'
中型で整ったロゼット型。「米国中部のオハイオ州で産出するワインの色」という意味の名。

ガゼル
Sempervivum 'Gazelle'
全体が白い綿毛で覆われる。寒さに強く、冬でも屋外で越冬可能。真っ赤に紅葉する。

上海ローズ しゃんはいろーず
Sempervivum 'Shanghai Rose'
縁に濃い赤紫色の覆輪が入るのが特徴。中型種で、葉にはつやがあり、子株ができやすい。

ガゼルは白い糸が綿状に絡まり、近くで見てもとても美しい。

Point
センペルビウムは株分けで手軽にふやせる

径2cm以上に育った子株を親株からはずすだけで、手軽にふやせます。春先か夜間気温が下がった秋口がおすすめです。

1
親株は花が咲いて枯れ、たくさんの子株ができたセンペルビウム。

2
2cm以上の大きさになった子株を、根をつけて静かに抜き取る。

3
子株を抜き取ったところ。別のポットに用土を入れて植えつける。

パシフィックゾフテック
Sempervivum 'Pacific Zoftic'
小型のセンペルビウムで、もこもこしていてかわいい。紅葉は茶褐色に。アメリカで作出。

ダドレア
チレコドン
Dudleya
Tylecodon

Data	
ベンケイソウ科	中米、アフリカ南部〜東部など
冬型　細根タイプ	
難易度	★★育てやすい（一部やや難しい）

グノマ
Dudleya gnoma
小型で白く美しいロゼット型。高温多湿に弱いので、夏は風通しのよい半日陰で管理。

万物想　ばんぶつそう
Tylecodon reticulatus
花柄が針金のように葉にかかったまま残る不思議な姿。夏と冬は水やりを控え、風通しよく。

群卵　ぐんらん
Tylecodon sinus-alexandra
小さな丸い葉が多数つく。初夏にピンクの可憐な花が咲く。夏は水やりを控え、風通しよく。

特徴と栽培のコツ

ダドレアは、中米原産の冬型種です。夏の暑さと蒸れが苦手なので、風通しよく、乾かし気味に管理します。夏は表面の白い粉が剥げ、見栄えが悪くなりがちですが、秋に生育が始まると本来の姿に戻ります。チレコドンも冬型です。晩夏に夜温が下がると生育が始まります。葉が出てきたら様子を見ながら水やりを開始します。夏は高温に注意して風通しよく管理し、ほぼ断水しますが、月に2回ほど軽く霧吹きしてあげましょう。

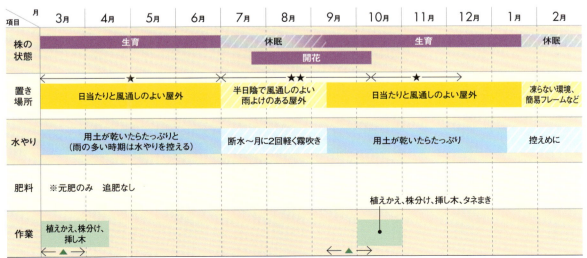

ダドレア、チレコドンの栽培カレンダー　冬型

Chapter1 ベンケイソウの仲間

パキフィツム
パキベリア

Pachyphytum
Pachyveria

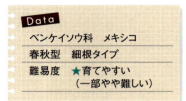

Data
ベンケイソウ科　メキシコ
春秋型　細根タイプ
難易度 ★育てやすい
（一部やや難しい）

特徴と栽培のコツ

表面が粉で覆われ、ふくらんだ葉が魅力。生育は春秋型で、雨に当てずに肥料を少なめにして育てるときれいな粉をまとい、プックリした葉になります。パキベリアはパキフィツムとエケベリアの属間交配種です。ともに寒さに強く、関東の平野部以西なら、冬は軒下で栽培できます。生育期は強めの光に当て、風通しのよい場所で育てると、引き締まった草姿になります。梅雨時期から夏は水を控えて乾かし気味にし、葉に少しシワが出てきたら水やりします。

群雀 ぐんじゃく（京美人 きょうびじん）
Pachyphytum 'Kyoubijin'
青みがかった長い葉が上を向き、株全体が白い粉で覆われる。生長すると草丈が伸びる。

月花美人 げっかびじん
Pachyphytum 'Gekkabijin'
幅広の葉で、葉挿しでもふやしやすい。秋には紫色に紅葉する。日照不足だと徒長する。

紫麗殿錦 しれいでんにしき
Pachyphytum 'Shireiden' f. *variegata*
紫麗殿の斑入り種で、薄紫色の葉に黄色い斑が入る。夏は強い直射日光と蒸れに注意。

月美人 つきびじん
Pachyphytum oviferum
星美人の園芸品種。ふくらんだ葉は紅葉するとピンクに染まり、とてもかわいらしい。

パキフィツム、パキベリアの栽培カレンダー　春秋型

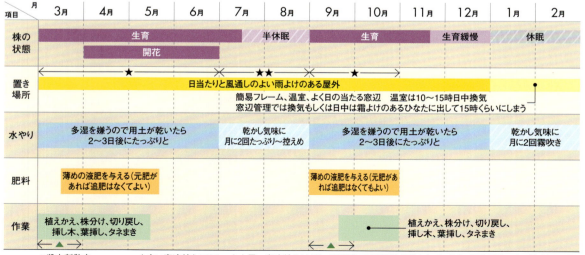

桃美人 ももびじん
Pachyphytum 'Momobijin'
肉厚な葉をもつ代表種。秋は淡いピンクに紅葉する。強健だが、夏は涼しく過ごさせる。

ベビーフィンガー
Pachyphytum 'Baby Bingo'
メキシコ原産で、小さな葉がかたまってつく。葉の先は薄い紫色になる。高温多湿に注意。

星美人 ほしびじん
Pachyphytum oviferum
白い粉で覆われた葉。生育期は肥料を少なめにし、よく日に当てると間延びしない。

グラウカ
Pachyveria glauca
ブルーグリーンの葉は、紅葉すると先端からえんじ色になる。夏の蒸れを避け、風通しよく。

多肉植物 Q&A

Q 手入れのときに白い粉がとれない秘訣は？

A 下のほうの目立たないところを、やさしく持ちます。

パキフィツムの白い粉は、こすると落ちてしまい、美観を損ねます。植えかえなどの手入れをするときは、目立たない株の下のほうをやさしく持つと、粉がとれにくいのでおすすめです。ピンセットで茎を支えるのもよいでしょう。

レズリー
Pachyveria 'Lesliei'
紫色のシックな葉で、紅葉すると赤が強くなる。強健種で、冬は軒下でも育つ。

Chapter1 ベンケイソウの仲間

モナンテス
Monanthes

Data
ベンケイソウ科　カナリア諸島など
冬型　細根タイプ
難易度　★★やや難しい

特徴と栽培のコツ

アフリカのカナリア諸島を中心に自生し、小さな多肉質の葉を密集させるグループです。湿り気のある日陰の崖や岩の上に自生しています。寒さに強く、照り返しが強くなければ真冬以外は屋外で栽培できます。日本の夏の高温多湿に弱く、栽培が難しい種とされていますが、半日陰で風通しよく育てれば、それほど難しくはありません。春と秋の生育期は水が好きです。夏の水やりで蒸れることが多いので、涼しい半日陰で管理し、水は控えめに与えます。

アナゲンシス — *Monanthes anagensis*
山地性の性質で、褐色を帯びた明るい黄緑色の葉を密集させる。水はけと風通しに注意。

パレンス — *Monanthes pallens*
夏は直射日光と蒸れを避け、涼しい半日陰で風通しよく管理する。2〜3年で植えかえる。

ブラキカウロス — *Monanthes brachycaulos*
へら状の小さな葉をロゼット状に集める。表面にごく細かい毛が生え、小さな花が咲く。

ポリフィラ — *Monanthes polyphylla*
つやのある小さな葉がクッションのように密に茂る。夏の蒸れと直射日光に注意。

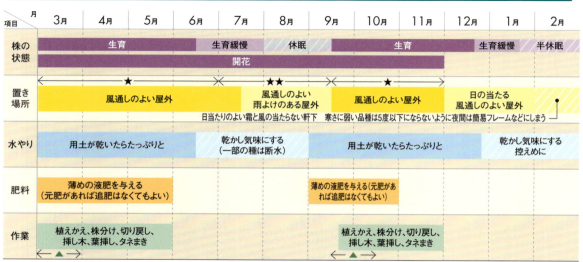

モナンテスの栽培カレンダー　冬型

▲殺虫剤散布　★白い寒冷紗をかける　★★黒い寒冷紗をかける　※関東の平野部を基準にしています。栽培環境により幅があります。

68

ロスラリア
Rosularia

Data
ベンケイソウ科
北アフリカ～中央アジアなど
春秋型(冬型に近い)　細根タイプ)
難易度　★★育てやすい
（一部やや難しい）

アトミー
Rosularia 'Atomy'
シックな紫色と灰緑色のロゼット型で、周囲に子株を群生させる。夏の暑さと蒸れに注意。

プラティフィラ
Rosularia platyphylla
ヒマラヤ原産の高山種で表面に微細な毛が生え、秋には紅葉する。夏は乾かし気味にする。

特徴と栽培のコツ

北アフリカからアジアのアルタイ山脈まで広く分布する、センペルビウムの近縁種です。センペルビウムは花弁が分かれていますが、ロスラリアは花が筒状になります。小型で繁殖力が強く、親株の周りに子株が多数できて群生して、ドーム状に広がるようにふえます。夏の暑さと蒸れに弱いので、風通しのよい半日陰に置き、水やりは控えめにします。生育期はよく日に当て、用土の表面が乾いたら水を与えます。

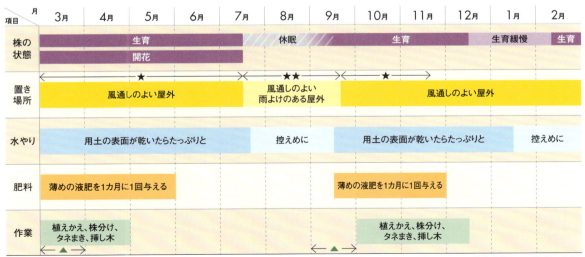

Chapter2. メセンの仲間

アプテニア
スミクロスティグマ
Aptenia
Smicrostigma

Data
- ハマミズナ科　南アフリカ
- 春秋型　細根タイプ
- 難易度　★育てやすい

ベビーサンローズ
Aptenia cordifolia f. *variegata*
葉に白い斑が入り、ピンクの花を夏じゅう咲かせる。強健で暑さに強い。霜を避ける。

桜竜 さくらりゅう
Smicrostigma viride
Y字形のうろこのように伸びるユニークな草姿。ピンクの花が美しく、育てやすい。

特徴と栽培のコツ

ともに南アフリカに自生します。生育は春秋型で、寒さには比較的強く、関東平野部以西の地域では、5度以下にならなければ霜を避けて屋外で冬越しできます。繁殖力旺盛で、よくふえて広がります。アプテニアは明るい緑色の鮮やかな葉で、独特の光沢があります。斑入り種はやや寒さに弱いです。夏の間じゅう、花が咲きます。スミクロスティグマはエキゾチックな草姿で、秋から冬に枝先の紅葉も楽しめます。

アプテニア、スミクロスティグマの栽培カレンダー　春秋型

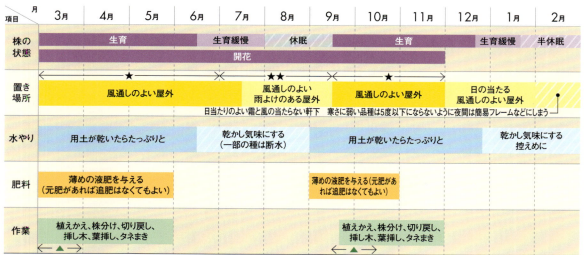

アロイノプシス
トリコディアデマ

Aloinopsis
Trichodiadema

Data
ハマミズナ科　南アフリカなど
冬型／夏型　細根タイプ
難易度　★育てやすい

唐扇 からおうぎ
Aloinopsis schooneesii
夏の暑さと蒸れが苦手なので、水を控えて明るい半日陰で風通しよく管理する。

特徴と栽培のコツ

ともに南アフリカを中心に自生する、寒さに強いメセンの仲間です。アロイノプシスは小石のような丸い葉と塊根性の根をもつ、エキゾチックな草姿です。休眠中は水やりを控えめにし、月に2回ほど軽く霧吹きで与えます。秋から冬に花を咲かせます。トリコディアデマには冬型と夏型があります。小型の塊根性メセンで、自然に塊根部分が肥大して、盆栽のような草姿になります。水はけのよい用土を使い、風通しのよい場所に置き、生育期は水をたっぷり与えます。

姫紅小松 ひめべにこまつ
Trichodiadema bulbosum
塊根から細い茎を伸ばし、毛の生えた小さな葉をつける。夏は水やりを控え、蒸れに注意。

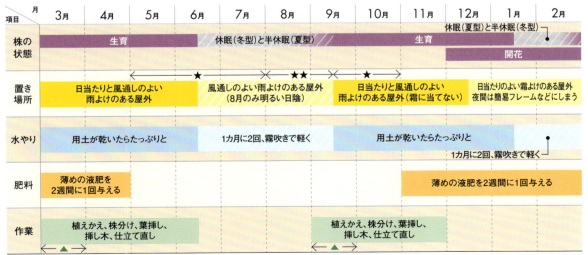

71

Chapter 2. メセンの仲間

エキノス
ルスキア

Echinus
Ruschia

Data
- ハマミズナ科　南アフリカ
- 春秋型　細根タイプ
- 難易度　★育てやすい

碧魚連 へきぎょれん
Echinus maximilianus
春に咲くピンクの花が美しい。生育期はよく日に当て、水や肥料も与える。夏越しが大切。

特徴と栽培のコツ

ともに南アフリカに自生する小型のメセンの仲間です。比較的寒さにも強く、東京をはじめとする関東平野部以西では、一年中風通しがよく霜よけがある屋外での栽培が可能です。夏の半休眠期の管理がポイントで、長雨に注意し、風通しのよい半日陰で過湿にならない程度に少しだけ水を与えるとじょうずに夏越しできます。高温多湿が苦手ですが、日光不足で調子を崩しやすいので、生育期はよく日に当て、しっかりと根を張らせます。

美鈴 みすず（プルビナリス）
Ruschia pulvinaris
細い葉が集まり、夏の蒸れに気をつければ丈夫で育てやすい。乾かし気味に育てる。

多肉植物 Q&A

Q エキノスをふやすには、いつ、どんな方法がいいですか?

A 春に茎を長めにつけて切り、挿し芽をしてふやします。

エキノスをふやすには、挿し芽が最も効率がよく、残暑が一段落して、気温が安定した春先が適期です。茎を長めにつけて切って挿し穂を作り、乾いた用土に挿します。水は10日以上過ぎてから与え、夏までにしっかりと根を張らせます。

エキノス、ルスキアの栽培カレンダー　冬型

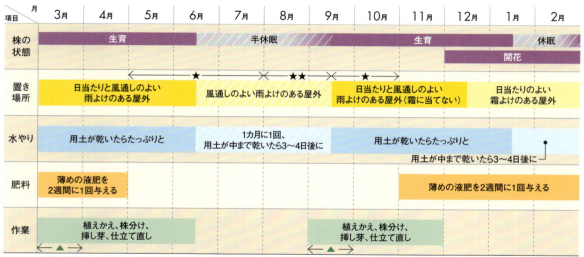

ギバエウム
ケイリドプシス
タンクアナ
プレイオスピロス

Gibbaeum
Cheiridopsis
Tanquana
Pleiospilos

Data
ハマミズナ科　南アフリカ
冬型　細根タイプ
難易度　★★やや難しい

特徴と栽培のコツ

南アフリカに自生する、個性的な形のメセンの仲間です。丸みを帯びた葉が対に展開し、かわいいフォルムで人気の種類です。夏の休眠期の管理が難しく、半日陰で風通しを心がけて断水します。寒さに強く、冬は関東平野部以西の地域では屋外で管理し、あまり過保護にしないほうがうまく育ちます。プレイオスピロスは屋外で管理でき、短時間なら凍っても回復します。

無比玉 むひぎょく
Gibbaeum dispar
中央が割れて新しい葉が出る。秋から冬にピンクの花を咲かせる。夏は断水して休眠。

神風玉 しんぷうぎょく
Cheiridopsis pillansii
寒暖の差がないと花つきが悪くなる。乾かし気味にし、夏は風通しよく。

ヒルマリー
Tanquana hilmarii
ふっくらとふくらんだ葉が対になり、中央に黄色い花を咲かせる。夏の蒸れに注意する。

紫帝玉 むらさきていぎょく
Pleiospilos nelii 'Royal Flush'
帝玉の突然変異種。葉緑素が少ないため、日照不足による徒長に注意。

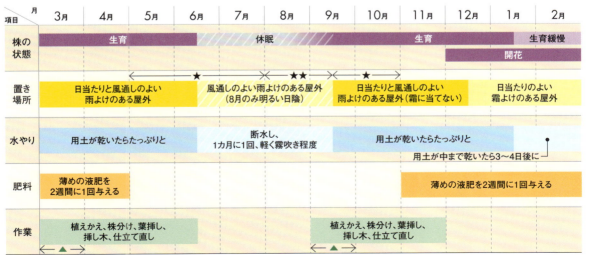

ギバエウム、ケイリドプシス、タンクアナ、プレイオスピロスの栽培カレンダー　冬型

Chapter2. メセンの仲間

コノフィツム
Conophytum

Data
- ハマミズナ科　南アフリカなど
- 冬型　細根タイプ
- 難易度　★育てやすい
（一部難しい）

特徴と栽培のコツ

南アフリカなどに自生し、メセンと呼ばれる多肉植物の代表的なグループ。茎と葉が一体化していて、株の形状から大きく「足袋形」「鞍形」「丸形」に分けられます。リトープスなどと同じく「脱皮」をする植物。1年に一度、休眠に入る前に外側にある古い葉がそのまま薄茶色の保護層となり、一見、枯れているように見えますが、秋にはその中から新しい葉が展開します。夏の休眠期は水やりを控え、雨よけのある風通しのよい半日陰で涼しく管理します。秋口に涼しくなったら徐々に水やりを開始します。冬は霜から保護します。

ウィッテベルゲンゼ
Conophytum wittebergense
葉に紫色の枝模様が入る紋様系の品種。小型で白っぽい花が夜に咲く。

紅絞り　べにしぼり
Conophytum obcordellum
小型種で黒褐色の盛りあがった斑点をもち、ムンダムという名前でも流通する。

エクティプム ブロウニー
Conophytum ectypum var. *brownii*
シワのような細かい模様が入り、花はピンク。夏は涼しい半日陰に置き、断水する。

大型ヘレナエ エンリエット産　おおがたへれなえ えんりえっとさん
Conophytum helenae
茶褐色の枝模様が入る大型種で、足袋型。秋にピンクの花がよく咲く。

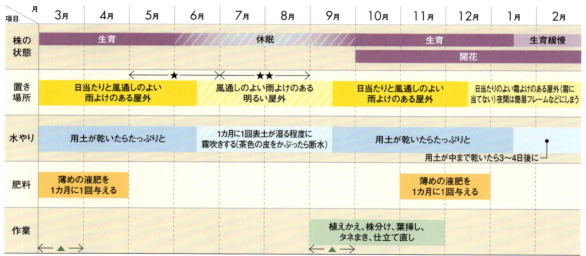

オペラローズ
Conophytum 'Opera Rose'
小型で足袋型。育てやすく、鮮やかなピンクの花を咲かせ、人気がある。

銀竜 ぎんりゅう
Conophytum 'Ginryu'
縁が赤紫色に染まる大型の足袋型。秋に咲く黄色い花がかわいい。夏は断水する。

テリカラー メッセルパッド産
Conophytum pellucidum var. *terricolor*
小型種で、茶色とモスグリーンのシックな葉色。模様のはっきりとした選抜品。

小公子 しょうこうし
Conophytum 'Shoukousi'
大型で比較的育てやすく、秋に濃い黄色の花をよく咲かせる。足袋型で、夏は断水する。

白拍子 しらびょうし
Conophytum longum
以前はオフタルモフィルム属だったが、コノフィツム属に統合された。透明な窓が魅力。

ステファニー
Conophytum stephanii
丸形の小型群生種。キラキラした羽毛で覆われ、クリーム色の小花が咲く。

コノフィツムのふやし方

用意するもの：鉢（2.5号）、鹿沼土（中粒）、多肉植物の用土、ゼオライト（小粒）、ハサミ、土入れ、殺虫剤（オルトラン DX 粒剤）　**苗**：コノフィツム オランダアウデビリディ

1 ポットから株を抜き、根をつまみながら用土を落とす。古い根は指でしごき落とす。

2 どちらの株にも軸と根が残るようにハサミで2つに切り分ける。

3 2つの株がついている場合は、軸をつけて1本ずつに切り分ける。

4 株元に残った皮は、残さずに取り除いておく。

5 根がついた株は1〜2日、根がない株は4〜5日乾かす。

6 鉢底に約2cm鹿沼土の中粒を入れ、さらに用土を入れる。

7 殺虫剤を約0.5g入れ、その上から用土を足す。

8 5の苗を支えながら用土を足し、表面にゼオライトを敷く。

9 根がない株は、ワイヤをかけて固定する。たっぷり水やりする。

Chapter2. メセンの仲間

ビロバム
Conophytum bilobum
黄花で、色々なタイプがある足袋型。エッジに赤いラインが入る。

雛鳩 ひなばと
Conophytum 'Hinabato'
濃いピンクの鮮やかな花が美しい。卵形系で、小型の愛らしい草姿が魅力。

エリサエ
Conophytum bilobum var. *elishae*
鮮やかなオレンジ色の花が咲く足袋型。比較的大型で、秋から冬に縁が赤くなる。

ブルゲリ
Conophytum burger
真ん丸い半球体で、休眠が明けると透明感があり美しい。高温多湿に弱く、傷みやすい。

ペアルソニー
Conophytum pearsonii
コマ型で群生し、育てやすい。夏は涼しい半日陰で断水する。ピンクの花が咲く。

ペルシダム ネオハリー
Conophytum pellucidum var. *neohallii*
株元は鮮やかな緑色で頂部が赤紫色になり、複雑な模様が入る。

テリカラー
Conophytum pellucidum var. *terricolor*
薄紫色の小型種で、頂部に不規則な模様が入る。鞍型で、群生してふえる。

Point
コノフィツムの脱皮と四季の変化を知ろう

コノフィツムは年に一度、脱皮をしてふえていきます。「枯れた?!」とあわてないように、四季の姿を知っておきましょう。

1 5月下旬〜6月上旬に休眠準備が始まる。全体にシワが入り、茶色くなってくる。

2 7〜8月の休眠状態。茶色の皮をかぶって小さくしぼみ、枯れているように見える。

3 8月下旬〜9月上旬に生育が始まると、皮を破って新芽が出る。水やりを開始。

デロスペルマ ベルゲランサス

Delosperma Bergeranthus

Data
- ハマミズナ科　南アフリカ
- 春秋型　細根タイプ
- 難易度　★★やや難しい

スパルマントイデス
Delosperma sphalmantoides
細く小さな葉を群生させ、冬にピンクの花を咲かせる。夏は乾燥気味のほうがよい。

特徴と栽培のコツ

ともに南アフリカに自生します。雨の少ない乾燥地に生えるため、肉厚の葉に水分をしっかりため込む強健種です。生育は冬型で、関東平野部以西の地域では、屋外で冬越しできます。デロスペルマは分布が広いため、全ての生育型が存在します。寒さには強いので、庭植えもでき、比較的手間のかからない多肉植物です。雨ざらしで栽培ができます。ベルゲランサスは開花期の午後3時ごろに開花します。

照波錦 てるなみにしき
Bergeranthus multiceps f. variegata
細く先端が尖った葉をマット状に広げてふえ、黄色からオレンジ色の花を咲かせる。

多肉植物 Q&A

Q 庭や花壇に植えて育てられる多肉植物はありますか？

A デロスペルマの一種、耐寒マツバギクは、丈夫で庭植えでもよく育ちます。

古くから石垣や塀の上などによく植えられ、鮮やかなピンクの花を初夏から秋まで咲かせる耐寒マツバギクは、デロスペルマの一種、クーペリーです。マイナス15度まで耐えられ、夏の暑さにも強いので、庭や花壇に植えられます。

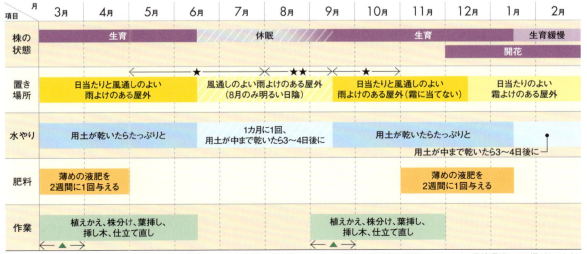

デロスペルマ、ベルゲランサスの栽培カレンダー　春秋型

77

Chapter2. メセンの仲間

チタノプシス
フェネストラリア
フォーカリア

Titanopsis
Fenestraria
Faucaria

Data
ハマミズナ科　南アフリカ
冬型　主根＋細根タイプ
難易度　★育てやすい

天女 てんにょ
Titanopsis calcarea
へら状の葉に大きないぼが特徴。夏は多湿で株が傷むので、軒下で水やりは控えめにする。

天女冠 てんにょかん（シュワンテシー）
Titanopsis schwantesii
葉に小さないぼがある三角形の細めなへら形で、秋から冬に黄色の花を咲かせる。

特徴と栽培のコツ

南アフリカの雨の少ない乾燥地に自生するメセンの仲間です。3種とも通年で水やりは控えめにし、夏は断水に近い感じにします。チタノプシスは肉厚の葉に水分をしっかりため込みます。夏の光はやわらかくしますが、生育期は強い直射日光を好みます。フォーカリアはメセンの中でも丈夫で黄花が多く、白花は珍しいです。多湿を嫌いますが、寒さに強く、育てやすいです。

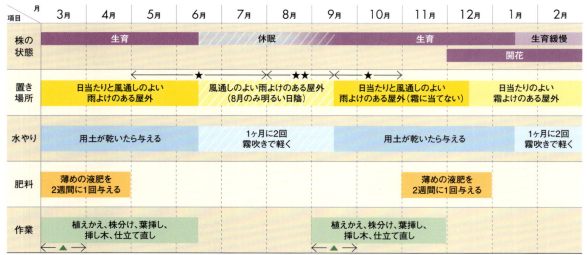

チタノプシス、フェネストラリア、フォーカリアの栽培カレンダー　冬型

▲殺虫剤散布　　★白い寒冷紗をかける　　★★黒い寒冷紗をかける　　※関東の平野部を基準にしています。栽培環境により幅があります。

78

群玉 ぐんぎょく
Fenestraria rhopalophylla
こん棒形の葉で、半透明の窓が魅力。秋から冬に白い花を咲かせる。夏の蒸れに注意。

秋から冬にたくさんの花を咲かせるフォーカリア銀海波。よく見ると、つぼみの形もかわいい。

銀海波 ぎんかいなみ
Faucaria feline
ツルッとした細いのぎ葉で、黄色いタンポポみたいな花がきれい。丈夫で育てやすい。

怒濤 どとう
Faucaria felina ssp. *tuberculosa* 'Dotou'
表面にコブのような突起が出て、少し赤みを帯びるゴツゴツした葉。

フォーカリアのふやし方

用意するもの：鉢（2.5号）、鹿沼土（中粒）、多肉植物の用土、ゼオライト（小粒）、ハサミ、土入れ、殺虫剤（オルトランDX粒剤）、ワイヤ（適宜）
苗：フォーカリア 四海波

1 ポットから株をやさしく抜き取る。

2 根鉢を崩し、用土を落とす。少し用土がついていてもよい。

3 株元からふえた子株を、軸が残るように注意して切り分ける。

4 根が長く伸びている場合は、根を1/2まで切り戻す。

5 切り口が白くきれいになるまで4〜5日乾かす。

6 鉢底に約2cm鹿沼土の中粒を入れ、さらに用土を入れる。

7 殺虫剤を約0.5g入れ、その上から用土を足す。

8 5の苗を支えながら用土を足し、表面にゼオライトを敷く。

9 根がない株は、ワイヤをかけて固定する。たっぷり水やりする。

Chapter2. メセンの仲間

フリチア
Frithia

Data
- ハマミズナ科　南アフリカ
- 夏型(春秋型に近い)　細根タイプ
- 難易度　★★やや難しい

菊光玉 きくこうぎょく
Frithia humilis
初夏からクリーム色〜淡いピンクの花を咲かせる。夏の高温期は水を控えめにする。

特徴と栽培のコツ

南アフリカに自生するメセンの仲間です。暑さに少し強く、外見から冬型のメセンの仲間と同じ管理にしがちですが、日本だと春秋型に近い夏型になるのが大きな特徴です。強めの日光を好み、窓に菊の紋章のような模様が出るくらいの日照が最適です。日照不足だと生育が悪くなります。冬は休眠して3〜4月から生育期に入り、夏の猛暑のころは少し休むため、水やりは控えめにします。秋口から初冬までは、再び生育期になります。梅雨から秋まで、次々と花が咲きます。冬は最低5度あればよいです。

Point　フリチアは、珍しい夏型の生育サイクルのメセン類

多くのメセンの仲間は冬型の生育サイクルですが、フリチアはその逆で、夏型の生育サイクルです。草姿はフェネストラリアに似ているので、生育期に見ると、どちらか間違えそうなくらいよく似ています。フリチアの季節の変化を知っておきましょう。

3月中旬
ようやく休眠から覚めてきた。まだ全体が黒く、葉も縮んでいる。様子を見ながら、少しずつ、水やりを開始する。日当たりのよい場所に置く。

6月上旬
生育期に入り、葉が緑色になってきた。用土の乾きも早くなり、葉の窓に菊の紋章のような模様が見えてきた。新しい緑色の葉も伸びてきた。

フリチアの栽培カレンダー　夏型(春秋型に近い)

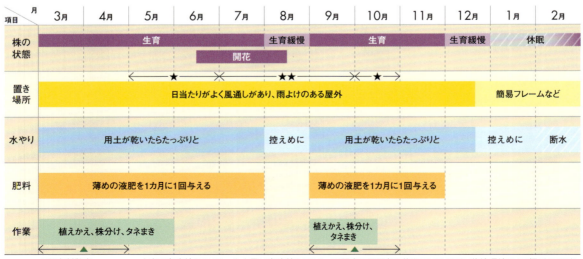

▲殺虫剤散布　　★白い寒冷紗をかける　　★★黒い寒冷紗をかける　　※関東の平野部を基準にしています。栽培環境により幅があります。

80

リトープス
Lithops

Data
ハマミズナ科
南アフリカ、ナミビアなど
冬型　細根タイプ
難易度　★育てやすい

特徴と栽培のコツ

南アフリカ、ナミビアおよびボツワナに自生するハマミズナ科の植物です。基本種は約40種、変種亜種を含めた正確な数はわからないほど多数あります。岩砂漠のようなところを好んで育ち、地質に応じて擬態している様子は「石に化ける」といわれ、葉に色とりどりの石のような模様が入ります。コレクターの心をくすぐる植物です。生育型は冬型で、脱皮を繰り返して大きくなります。夏の休眠期は風通しのよい半日陰で水やりを控え、秋口の生育期になったら徐々に水やりを開始します。

オリーブ玉 おりーぶぎょく
Lithops olivaceae
緑色の小型でプリッとした丸い形がかわいい。蒸れに注意すれば、丈夫で育てやすい。

菊章玉 きくしょうぎょく
Lithops 'Kikushougyoku'
日本で作出された品種で、菊の紋章に似た模様が入る。白い美花で、比較的育てやすい。

大津絵 おおつえ
Lithops otzeniana
大津絵の変種で、丸みを帯びた窓に大きな斑点模様が入る。

紫勲 しくん
Lithops lesliei
初秋に黄色い花が咲く、古くから親しまれている品種。球径5cmほどまで生長し、群生する。

リトープスの栽培カレンダー　冬型

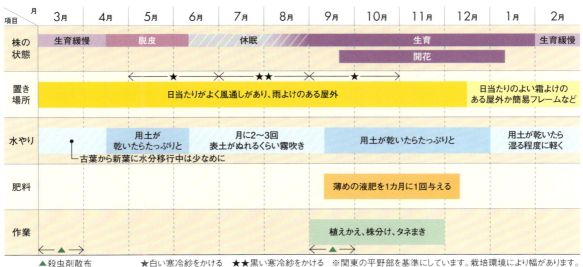

▲殺虫剤散布　★白い寒冷紗をかける　★★黒い寒冷紗をかける　※関東の平野部を基準にしています。栽培環境により幅があります。

Chapter2. メセンの仲間

朱唇玉 しゅしんぎょく
Lithops karasmontana
カラスモンタナの改良種で、色鮮やかな赤い模様が特徴。白い花が咲く。

青磁玉 せいじぎょく
Lithops helmutii
緑色で半透明の窓があり、晩秋に美しい黄色の花が咲く。蒸れに注意して大株に育てたい。

太古玉 たいこぎょく
Lithops comptonii
黒みがかった褐色に赤みのあるはっきりとした網目模様が入る小型種。

リトープスのふやし方

用意するもの：鉢（2.5号を2個）、鹿沼土（中粒）、多肉植物の用土、ゼオライト（小粒）、ハサミ、土入れ、殺虫剤（オルトランDX粒剤）、緩効性化成肥料（マグァンプK中粒）、トレイ　**苗**：リトープス 巴里玉

1 ポットから株を抜き取り、根鉢を崩す。

2 用土を全部落とし、細かい根をとる。

3 株元に残った脱皮殻や去年の花がらなどを取り除く。

4 土と余分なものを取り除いた状態。

5 根の下側から1/3を取り除く。

6 上から見て根が残るように注意してハサミを入れる。

7 切り口が小さくなるように、そっと2つに分ける。

8 切り口が白くなるまで4〜5日乾かす。

9 鉢底に約2cm鹿沼土の中粒を入れる。

10 上から少しだけ用土を入れる。

11 殺虫剤を約0.5g入れ、その上から用土を足す。

12 緩効性化成肥料をひとつまみ入れる。

13 8の苗を支えながら用土を足す。

14 表面にゼオライトを敷く。

15 もう1株も同様に植えつけ、たっぷりと水やりする。

日輪玉 にちりんぎょく
Lithops aucampiae
初心者でも育てやすく、丈夫で育てやすい。秋に黄色い花を咲かせる。

白薫玉 はくくんぎょく(オパリナ)
Lithops karasmontana var. *opalina*
模様がほとんどなく、透明感のある白。花も白くて光沢のある花弁。

巴里玉 ぱりぎょく
Lithops hallii
褐色の網目模様が美しく、大輪の白い花を咲かせる。

微紋玉 びもんぎょく
Lithops fulviceps
茶褐色の細かい模様が入る。夏は涼しい日陰で断水気味にする。黄色い花が咲く。

ボルキー
Lithops pseudotruncatella ssp. *volkii*
初夏に黄色い花を咲かせる不思議なリトープス。白く陶磁器のような色彩。

繭形玉 まゆがたぎょく
Lithops marmorata
鮮やかな緑色でぷっくりと盛り上がった形。中心が白く弁端が黄色い大輪の美花。

緑福来玉 みどりふくらいぎょく
Lithops julii ssp. *fulleri* 'Fuller green'
福来玉の緑色タイプで、ほかに茶色タイプなどがある。夏はほぼ断水する。

Point

リトープスは1年に一度脱皮を繰り返してふえる多肉植物

小石のような姿が中心で2つに分かれ、中から新しい芽が出てくる様子は、昆虫の脱皮に似ています。
春になると葉にシワがよってくるのが脱皮開始のサイン。水を徐々に減らし、夏は風通しのよい場所に置き、秋口に夜間気温が下がって、生育が始まったら水やりを開始します。

3月中旬
4月中旬に脱皮が始まって古い葉が2つに割れ、中の新しい葉が見えてきた。

6月上旬
休眠が明けた6月上旬ごろ、古い葉は皮のように下に縮み、中から新しい株が2つ出ている。

Chapter3. サボテンの仲間

アウストロキリンドロオプンチア
オプンチア
マイフエニオプシス

Austrocylindropuntia
Opuntia
Maihueniopsis

Data
- サボテン科
- 北中南米、ガラパゴス諸島など
- 夏型　太根タイプ
- 難易度　育てやすい
　　　　（一部やや難しい）

特徴と栽培のコツ

南米を中心に分布するグループで、高山性の性質があります。寒さにも強く、丈夫で育てやすいものが多いです。一年を通じ、屋外で栽培できるものが多く、古くから親しまれています。主な生育期は春と秋で、夏の暑さにも冬の寒さにも耐えます。日当たりと風通しのよい場所で育てれば、順調に大きくなります。繁殖力も旺盛で、生育期に入ったころに挿し芽をすればよくふえます。

将軍 しょうぐん
Austrocylindropuntia subulata
円筒形のユニークな茎に細長い葉がつく。日当たりと風通しよくし、カイガラムシに注意。

白桃扇 はくとうせん（バニーカクタス）
Opuntia microdasys var. *albispina*
小型のウチワサボテンで、白く細かいトゲに覆われる。よく日に当てることが大切。

ランセオラータ綴化 らんせおらーたてっか（青海波 せいがいは）
Opuntia lanceolata f. *cristata*
生長が早く、綴化種の中では丈夫で育てやすい。

マンドラゴラ
Maihueniopsis minuta var. *mandragora*
小型で横に這うように分枝する。蒸れないように風通しよくし、よく日に当てる。

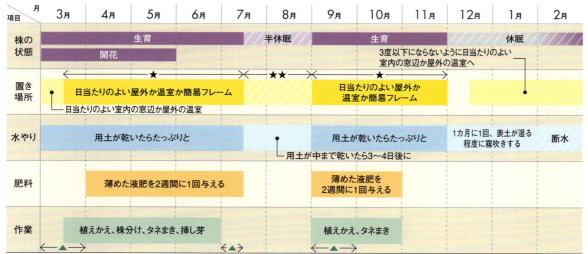

3〜5月、9〜2月は、日中の温度をしっかり上げる　25〜40度くらいを好む
6〜8月は通風しよくする　※サボテンは昼と夜の温度差をつくってあげるとよい（例）夜15度　昼35度

アズテキウム
ユーベルマニア

Aztekium
Uebelmannia

Data
サボテン科　メキシコ、ブラジル
夏型　細根タイプ
難易度　★育てやすい
　　　（一部やや難しい）

特徴と栽培のコツ

アズテキウムはメキシコの山岳地帯に自生します。生育がとても遅い小型種で、希少ですが、丈夫で育てやすいです。夏の強い直射日光は嫌います。生育期は見た目の印象よりも水が好きです。
ユーベルマニアはブラジルに自生し、一般のサボテンよりも少しやわらかい光を好みます。生育は遅く、真夏の強い直射日光と、35度以上の高温は苦手です。主に春と秋に生育します。

ヒントニー
Aztekium hintonii
1990年に発表された比較的新しい種。非常に生育が遅く、マニアに人気がある。

プセウドペクチニフェラ
Uebelmannia pectinifera var. *pseudopectinifera*
暗緑色の円筒形で、やや小型。夏の強い光はやわらかくして、冬は5度以上を保つ。

花篭 はなかご
Aztekium ritteri
細かいひだがある独特の形。株が充実すると子株を出して群生する。生育期は水を好む。

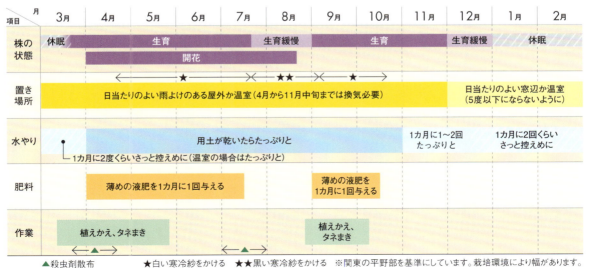

3～5月、9～2月は、中日の温度をしっかり上げる　25～40度くらいを好む
6～8月は通風よくする　※サボテンは昼と夜の温度差をつくってあげるとよい（例）夜15度　昼35度

Chapter3. サボテンの仲間

アストロフィツム
Astrophytum

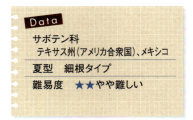

Data
サボテン科
テキサス州(アメリカ合衆国)、メキシコ
夏型　細根タイプ
難易度　★★やや難しい

特徴と栽培のコツ

星点と呼ばれる刺座をもつグループで、総称で有星類といわれています。代表的な兜丸は、専門コレクターが出現するほど人気があります。春から夏まで、主に黄色の美しい花を咲かせます。日当たりを好み、温室などで日中の温度を上げられると育てやすくなります。冬は完全に断水してしまうと調子を崩すことがあるので、5度以上を保ち、月に2回くらいさっと水を与えて、ゆっくりでも生育できる環境を整えることが大切です。

大疣瑠璃兜 おおいぼるりかぶと
Astrophytum asterias var. *nudum*
通常より大きないぼをもつ瑠璃兜。暗緑色の肌に白くて大きないぼが映える。

恩塚鸞鳳玉 おんづからんぽうぎょく
Astrophytum myriostigma 'Onzuka'
白点が大きく密に並び、白い毛のところにV字形のアローマークが出るのが特徴。

兜丸 かぶとまる
Astrophytum asterias
8つの均等な稜があり、ウニに似た形。トゲなく、細かい毛いぼがある。人気が高い。

紅葉鸞鳳玉 こうようらんぽうぎょく
Astrophytum myriostigma 'Koh-yo'
秋になると、頂部の生長点の周りから紅葉していく。春になると元の色に戻る。

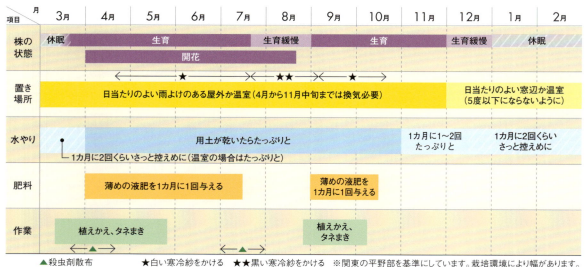

三角鸞鳳玉 さんかくらんぽうぎょく
Astrophytum myriostigma var. *tricostatum*
稜が3本で、スリムに整った幾何学的な形が美しい。日当たりと水はけを好む。

スーパー兜 すーぱーかぶと
Astrophytum asterias 'Superkabuto'
大きく特異な白点をもつ野生の兜をもとに、日本で作出された。花は黄色で中心が赤。

ストロンギロゴナム
Astrophytum myriostigma var. *strongylogonum*
通常の鸞鳳玉より直径が大きく、丸々として厚みのある豊満な稜と小さな白点が特徴。

白条複隆鸞鳳玉 はくじょうふくりゅうらんぽうぎょく
Astrophytum myriostigma cv.
暗緑色のなめらかな肌。5本の稜にのった、はっきりして白い筋が魅力。

碧瑠璃鸞鳳玉 へきるりらんぽうぎょく
Astrophytum myriostigma var. *nudum*
星形でトゲのない鸞鳳玉の白点がないタイプ。ピカピカした濃い緑色の肌が美しい。

ミラクル兜 みらくるかぶと
Astrophytum asterias 'Miracle Kabuto'
兜丸の中で白点がひときわ目立つ個体が発見され、日本で命名された。

アストロフィツムの交配

1
交配親にする株を決め、掛け合わせたい花の花粉をピンセットでとる。

2
親株の雌しべに1の花粉をこすりつけ、受粉する。晴れた日の日中に行う。

3
結実すると、花後に子房がふくらんでタネができる。

4
子房が十分にふくらんで白く乾いたら、サヤからタネを取り出す。

5
タネはとりまきか、春になってから用土にまく。発芽から約1年で小さな苗になる。

Chapter3. サボテンの仲間

アリオカルプス ロフォフォラ

Ariocarpus Lophophora

Data
- サボテン科　テキサス州（アメリカ合衆国）、メキシコなど
- 夏型　細根タイプ＋太根タイプ
- 難易度　★★やや難しい（アリオカルプス）
  　　　　★育てやすい（ロフォフォラ）

特徴と栽培のコツ

アリオカルプスは秋咲きのサボテンで、根が肥大してイモになります。温室で35～40度まで温度を上げ、一段やわらかい日差しで育てます。冬は5度以上を保ちます。カイガラムシがつきやすいのですが、葉の間に入るのでわかりにくく、気づいたときには手遅れになりやすいので注意します。連山、亀甲牡丹はハダニがつきやすく、水滴が株に垂れると腐ることがあります。ロフォフォラはトゲがないやわらかい肌で、性質は丈夫です。

アガベ牡丹×黒牡丹 あがべぼたん×くろぼたん
Ariocarpus agavoides×kotschoubeyanus
アガベ牡丹と黒牡丹の交配種。個体差はあるが、濃いピンクの花が咲く。

カリフラワー
Ariocarpus retusus 'Cauliflower'
大きな凹凸のあるいぼ状の葉と中心部の白い毛が、野菜のカリフラワーを連想させる。

亀甲牡丹 きっこうぼたん
Ariocarpus fissuratus
葉の表面のゴツゴツが特徴。人気がある。冬の寒さに弱いので注意する。

黒牡丹 くろぼたん
Ariocarpus kotschoubeyanus
暗緑色で平らな半球形で、小型。小さな三角形の筋が入る。赤紫色の花が秋に咲く。

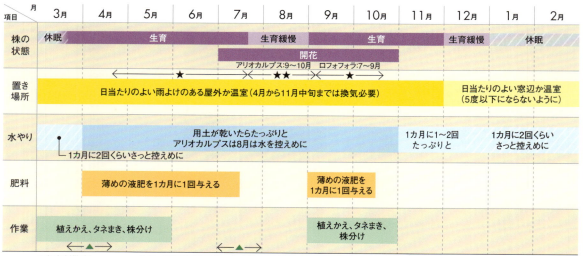

▲殺虫剤散布　　★白い寒冷紗をかける　　★★黒い寒冷紗をかける　　※関東の平野部を基準にしています。栽培環境により幅があります。

3～5月、9～2月は、日中の温度をしっかり上げる　25～40度くらいを好む
6～8月は通風よくする　※サボテンは昼と夜の温度差をつくってあげるとよい（例）夜15度　昼35度

象牙牡丹 ぞうげぼたん
Ariocarpus furfuraceus var. *magnificum*
トゲがなく、ふっくらと肉厚で三角の葉と頂部のふわふわした毛が魅力。花も美しい。

変り疣青磁牡丹 かわりいぼせいじぼたん
Ariocarpus furfuraceus var. *brebituberosus*
いぼの変異が特徴で、淡いひすい色の肌に白い粉がかかる肉厚な葉。いぼの幅が広い。

連山 れんざん
Ariocarpus fissuratus var. *lloydii*
秋咲きで紫紅色の花が美しい代表種。丸みのある三角形のいぼをもち、球形に育つ。

烏羽玉 うばたま
Lophophora williamsii
トゲはなく、すべすべした肌に白い毛をつける。根はイモ根になり、比較的寒さに強い。

銀冠玉 ぎんかんぎょく
Lophophora fricii var. *decipiens*
白肌が強く、平べったい球形で、大型になる。春から夏に可憐なピンクの花を咲かせる。

翠冠玉 すいかんぎょく（ディフーサ）
Lophophora diffusa
綿毛がきれいなので、上から水をかけずに周りから水やりすると毛がふさふさに。

ロフォフォラのふやし方

用意するもの：鉢（2.5号：数個、3.5号：1個）、鹿沼土（中粒）、多肉植物の用土、ゼオライト（小粒）、ハサミ、カッター、土入れ、殺虫剤（オルトランDX粒剤）、緩効性肥料（マグァンプK）、発根促進剤（ルートン）　苗：ロフォフォラ 翠冠玉

1
苗をポットから抜いて根を落とし、親株についている子株をカッターではずす。

2
新しい根を伸ばすために古い根を切る。1/3ほど残せばよい。

3
根がついていない子株には、切り口が乾かないうちに発根促進剤をまぶす。

4
風通しのよい半日陰などに並べ、1〜2週間このまま乾かす。

5
3.5号の鉢の底に鹿沼土を約2cmの深さに入れ、上から用土を2cmほど入れる。

6
5に殺虫剤を約0.5g入れ、上から用土を足してから緩効性肥料をひとつまみ入れる。

7
6に用土を少し入れてから、4の親株を片手で持ちながら用土を足し、表面にゼオライトを敷く。

8
4の子株を同様に植えつける。植えつけ後はたっぷりと水やりする。

Chapter 3. サボテンの仲間

エキノカクタス
テロカクタス
フェロカクタス

Echinocactus
Thelocactus
Ferocactus

Data
サボテン科
アメリカ合衆国南西部、メキシコ
夏型　細根タイプ
難易度　★★やや難しい

特徴と栽培のコツ

ともに強刺類と呼ばれ、サボテンの中でも大きく立派なトゲをもつグループです。年間を通じて強い日差しを好みます。しっかりとした鮮やかなトゲを毎年出させるためには、日中と夜間気温の差が大きいことが大切です。日中は湿度が低く温度が高い環境が適します。湿度が高くて温度が高いと、トゲに黒いカビが発生することがあります。トゲの出る生育期にはたっぷりと水を与え、それ以外は乾かし気味に管理します。

綾波錦 あやなみにしき
Echinocactus texensis f. *variegata*
綾波の斑入り種。青緑色の肌に黄斑が入り、暗赤色のトゲが美しい。夏の高温が苦手。

金鯱 きんしゃち
Echinocactus grusonii
強健で生長が早い強刺系の代表種。日当たりを好む。5度以下になると肌に赤い斑点が出る。

翠平丸 すいへいまる
Echinocactus horizonthalonius var. *complatus*
マットな質感の肌に整然と並ぶ淡いピンク色のトゲが魅力。ピンクで大輪の美花。

太平丸 たいへいまる
Echinocactus horizonthalonius
生長は遅く、日当たりを好む。根を傷めると回復に時間がかかるので注意する。

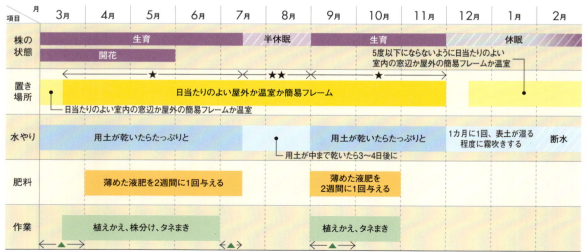

エキノカクタス、テロカクタス、フェロカクタスの栽培カレンダー　夏型

▲殺虫剤散布　★白い寒冷紗をかける　★★黒い寒冷紗をかける　※関東の平野部を基準にしています。栽培環境により幅があります。

3～5月、9～2月は、中日の温度をしっかり上げる　25～40度くらいを好む
6～8月は通風よくする　※サボテンは昼と夜の温度差をつくってあげるとよい（例）夜15度　昼35度

改元丸 かいげんまる
Thelocactus setispinus var. *hamatus*
群生して子株をふやす。トゲの先端が内側に曲がる。丈夫で育てやすい。

大統領 だいとうりょう
Thelocactus bicolor
日当たりを好み、適度な風通しと水やりが大切。花が大輪のピンクで人気。

鶴巣丸 つるすまる
Thelocactus rinconensis ssp. *nidulans*
青白色の肌とワイヤのように鋭く長い褐色のトゲが魅力。日当たりで風通しよく育てる。

赤刺金冠竜 あかとげきんかんりゅう
Ferocactus chrysacanthus f. *rubrispinus*
赤く鮮やかな長いトゲに包まれる。春に赤い花を咲かせる。日当たりを好む。

黄金冠 おうごんかん
Ferocactus orcuttii 'OHGONKAN'
長くて黄色いトゲを密に伸ばす。比較的丈夫で育てやすい。

金冠竜 きんかんりゅう
Ferocactus chrysacanthus
黄色いトゲが長く鋭い。全体がトゲに包まれている。強刺類の中ではトゲ落ちしない。

金鵄玉 きんしぎょく
Ferocactus latispinus var. *flavispinus*
黄色で幅が広く鋭いトゲをもつ。冬に黄色の花を咲かせる。

鯱頭 しゃちがしら
Ferocactus cylindraceus
生育すると高さ2mまで伸びる。トゲ色にバリエーションがあり、トゲが魅力。

日の出丸 ひのでまる
Ferocactus latispinus
赤く平たいトゲをもつ。トゲを赤く太くするには日当たりと昼夜の温度差が必要。

91

Chapter3. サボテンの仲間

エキノセレウス
Echinocereus

Data
サボテン科
アメリカ合衆国南部、メキシコ
夏型　細根タイプ
難易度　★★やや難しい

特徴と栽培のコツ

主に北アメリカを中心に分布しているグループです。日本では「蝦サボテン」と総称され、赤や黄色、白の大きくて華やかな花が咲くのが特徴です。生育は比較的早く、暑さにも寒さにも強いです。一部の種は、水やりを少なめに調整したり、また別の種は、冬の寒さに適度に当てないと花つきが悪いものもあります。全体的には、春と秋はよく日に当て、夏は明るい風通しのよい場所を好みます。冬は5〜0度以上を保ちます。

銀紐　ぎんひも
Echinocereus poselgeri
細い棒状で、地下に塊根ができる。夏は軽く遮光したほうがよい。水は乾いたら与える。

トリグロキディアツス
Echinocereus triglochidiatus
明るい緑色で円柱状のサボテン。日当たりを好む。春に赤く大きな花を咲かせる。

フェンドレリ
Echinocereus fendleri
日当たりのよいところを好む。生長が遅く、夏の多湿に弱い。冬は乾燥気味に管理。

紫太陽　むらさきたいよう（ルブリスピヌス）
Echinocereus rigidissimus ssp. *rubrispinus*
紫色のトゲが覆い包んでいて美しい。冬に適度な寒さに当てないと花つきが悪くなる。

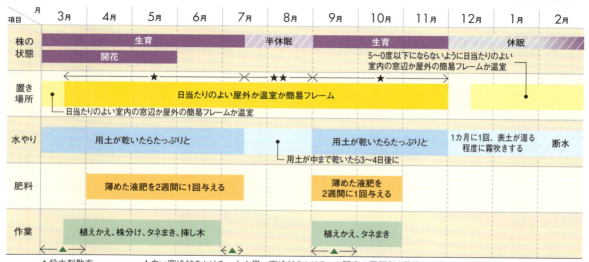

エキノセレウスの栽培カレンダー　夏型

3〜5月、9〜2月は、日中の温度をしっかり上げる　25〜40度くらいを好む
6〜8月は通風しよくする　※サボテンは昼と夜の温度差をつくってあげるとよい（例）夜15度　昼35度

エスポストア
カルネギア
パキケレウス

Espostoa
Carnegiea
Pachycereus

サボテン科　アメリカ合衆国
　　　　　　南西部、メキシコ、南米
夏型　細根タイプ
難易度　★育てやすい
　　　　（一部やや難しい）

特徴と栽培のコツ

ペルーやアメリカのアリゾナ州、メキシコなどに自生するグループで、3種とも大きくなる柱サボテンです。比較的丈夫ですが生育が遅く、日本で育てると本来の大きな姿になるまで時間がかかります。自生地は草地や岩場などの湿気が少ない場所なので、夏の蒸し暑さが苦手です。エスポストアは雨ざらしだと白い綿毛が汚れるので軒下に。それ以外は屋外で育てられます。

老楽 おいらく
Espostoa lanata
生長すると高さ2mにもなる大型の柱サボテン。子株を出して株立ち状にふえる。

弁慶柱 べんけいちゅう
Carnegiea gigantean
自生地では高さ12mになるが、生長は遅い。日当たりと風通しが大切。現地では夜に白い花が咲く。

白雲閣綴化 はくうんかくてっか
Pachycereus marginatus f. *cristata*
日当たりと風通しよく管理し、多湿が苦手。冬は水やりを控えめにする。

福禄寿 ふくろくじゅ
Pachycereus schottii f. *monstrosa*
トゲがなく、稜がこぶのように変異した。高温を嫌い、茶色の高温障害が出ることも。

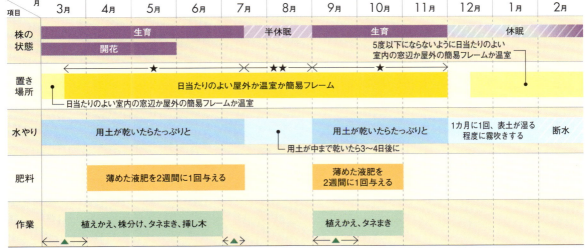

3～5月、9～2月は、日中の温度をしっかり上げる　25～40度くらいを好む
6～8月は通風しよくする　※サボテンは昼と夜の温度差をつくってあげるとよい（例）夜15度　昼35度

93

Chapter 3. サボテンの仲間

エピテランサ
ツルビニカルプス
ペレキフォラ

Epithelantha
Turbinicarpus
Pelecyphora

Data
- サボテン科　メキシコなど
- 夏型　細根タイプ
- 難易度　★★やや難しい

特徴と栽培のコツ

ともに強い直射日光を好む小型のサボテンが群生するグループです。生長が緩やかで、トゲが小さく、可憐な花を楽しめるのも魅力です。光を十分に浴びていれば、丸くきれいな形になるのですが、日照不足だと徒長し、形が崩れます。真夏は光が強すぎるので、寒冷紗を使って光を少し和らげてあげます。夏と冬は水を控えめに与え、乾かし気味に育てるとよいでしょう。

小人の帽子　こびとのぼうし
Epithelantha bokei
夏の蒸れに弱いので、日なたで風通しよく管理する。水は控えめに与える。

白鯱　しろしゃち
Turbinicarpus knuthianus
ふんわりした白いトゲに包まれる。適度な風通しと水やりが必要。冬は乾かし気味にする。

バラ丸　ばらまる
Turbinicarpus valdezianus
約1cmの苗のうちからピンクの花が咲く。生育期は光を強くし、湿度を高めにするとよい。

銀牡丹　ぎんぼたん
Pelecyphora strobiliformis
小さな球形で、灰緑色。三角形のいぼに覆われる。季節の変わりめはハダニに注意する。

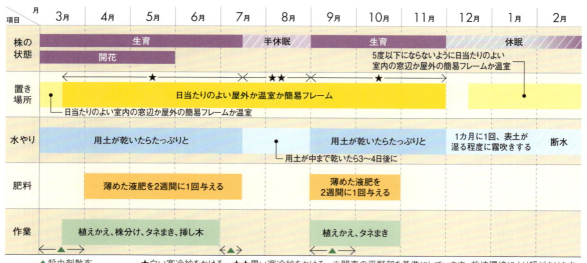

エピテランサ、ツルビニカルプス、ペレキフォラの栽培カレンダー　夏型

▲殺虫剤散布　　★白い寒冷紗をかける　　★★黒い寒冷紗をかける　　※関東の平野部を基準にしています。栽培環境により幅があります。

3〜5月、9〜2月は、日中の温度をしっかり上げる　25〜40度くらいを好む
6〜8月は通風しよくする　※サボテンは昼と夜の温度差をつくってあげるとよい（例）夜15度　昼35度

エリオシケ
スルコレブチア
ウェインガルチア

Eriosyce
Sulcorebutia
Weingartia

- サボテン科　南米など
- 夏型　主根+細根タイプ
- 難易度　★★やや難しい

特徴と栽培のコツ

主に南米に自生する小型のサボテンのグループです。長時間、やさしい光をしっかり当てないと徒長して伸びてしまうので、白い寒冷紗で遮光するか、明るい半日陰に置くとよいでしょう。根は塊根やイモ根なので、乾かし気味に管理します。梅雨時期はしっかりと水分をコントロールしないと徒長しやすいので注意します。スルコレブチアはハダニがつきやすいです。

インターメディア
Eriosyce intermedia
黒いトゲと灰緑色の肌が美しい。日当たりを好み、適度な風通しと水やりが必要。

アルビッシマ
Sulcorebutia albissima
日当たりを好む。生育期は水を好み、根がイモ状になるので、冬は乾燥気味にする。

スクレンシス
Weingartia sucrensis
薄く遮光した光が長時間当たる環境を好む。ハダニがつきやすいので注意。

ラウシー
Sulcorebutia rauschii
株元から鮮やかなピンクの花を咲かせる。明るい半日陰で管理し、冬は乾燥気味に。

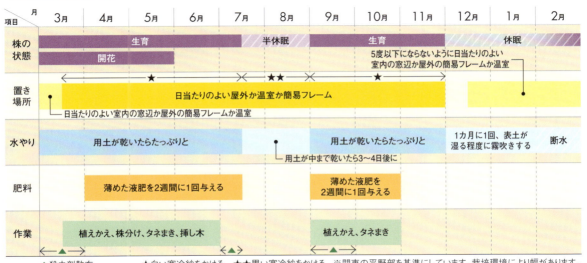

3〜5月、9〜2月は、日中の温度をしっかり上げる　25〜40度くらいを好む
6〜8月は通風よくする　※サボテンは昼と夜の温度差をつくってあげるとよい（例）夜15度　昼35度

Chapter3. サボテンの仲間

ギムノカリキウム
コリファンタ
Gymnocalycium
Coryphantha

Data
サボテン科
アメリカ合衆国、メキシコ、南米など
夏型　太根タイプ
難易度　★育てやすい

海王丸 かいおうまる
Gymnocalycium denudatum
深い緑色で、丸く曲がった独特のトゲがある。軽く遮光して空中湿度を高めに保つ。

火星丸 かせいまる
Gymnocalycium calochlorum
扁平な小型種で、よく子株ができる。花は淡いピンク。明るい半日陰で管理する。

特徴と栽培のコツ

南米から北米にかけて自生し、太い根に水分を蓄えるグループです。ギムノカリキウムは真夏の高温が嫌いなものが多く、やわらかい日差しを好みます。温度を上げすぎると、小さく噴火したような傷で南米病といわれる症状になるので気をつけます。コリファンタは、やや寒さに弱く、冬にオレンジ色の点々が出てきたら寒さで傷んできたサインです。すぐに寒さから保護しましょう。

カルミナンサム
Gymnocalycium oenanthemum ssp. *carminanthum*
整った丸形で稜に沿ってトゲが並ぶ。赤い美花が夏に咲く。

蛇紋玉 だもんぎょく
Gymnocalycium paraguayense f. *fleischerianum*
つやのある濃い緑色の肌で、稜に短めのトゲが並ぶ。明るい半日陰で風通しよく管理する。

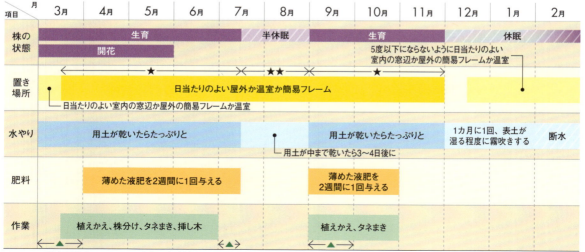

3〜5月、9〜2月は、日中の温度をしっかり上げる　25〜40度くらいを好む
6〜8月は通風しよくする　※サボテンは昼と夜の温度差をつくってあげるとよい（例）夜15度　昼35度

翠晃冠錦 すいこうかんにしき
Gymnocalycium anisitsii f. *variegata*
翠晃冠に黄色やオレンジ色の斑が入ったもの。斑の入り方には個体差がある。

天平丸 てんぴょうまる
Gymnocalycium spegazzinii
褐色の長いトゲが全体を覆う。夏に咲く薄いピンクの花が美しい。

緋牡丹錦 ひぼたんにしき
Gymnocalycium friedrichii f. *variegata*
生育期は水を好む。強い光が苦手で、半日陰か寒冷紗で光を調節。冬は断水気味に。

フェロシオール
Gymnocalycium hybopleurum var. *ferosior*
碧巌玉の強刺系の変種。大きくて長いトゲが、緑の肌を覆う。

ブルチー ブリギッティ
Gymnocalycium bruchii var. *brigittae*
つやのある濃い暗緑色の肌にトゲが映える。やわらかい光で育てる。

金碧 こんぺき
Gymnocalycium multiflorum var. *albispinum*
緑の球形で稜が深い。淡いピンクの大きな花が咲く。

牡丹玉 ぼたんぎょく
Gymnocalycium friedrichii
紫を帯びた鮮明な横筋が入る。日差しが強いと色がさめるため、暗めの半日陰で管理。

金環食 きんかんしょく
Coryphantha pallida
やや立ち上がった球形で、輝くように美しい花を頂部に咲かせる。

大祥冠 だいしょうかん
Coryphantha poselgeriana
球形で肉質がかたく、秋に淡い色の花を咲かせる。風通しよくし、適度に水を与える。

Chapter3. サボテンの仲間

ストロンボカクタス マミラリア
Strombocactus Mammillaria

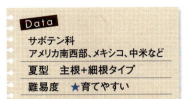

Data
サボテン科
アメリカ南西部、メキシコ、中米など
夏型　主根+細根タイプ
難易度　★育てやすい

特徴と栽培のコツ

生長が緩やかで、トゲが小さく、可憐な花も楽しめるグループです。ストロンボカクタスは生長が遅く、日当たりを好みますが、夏に強い直射日光を浴びると日やけするので、寒冷紗などで調節します。マミラリアはいぼサボテンとも呼ばれ、トゲの色や形、花の色など種類が豊富です。強い光を好み、日照不足だと形が悪くなってしまうことがあります。真夏は水やりを控えめにし、やや乾かし気味に育てると順調に大きくなります。

菊水 きくすい
Strombocactus disciformis
扁平で丸い形、灰白色の小型種。生育が遅く、夏の直射日光と蒸し暑さを嫌う。

明日香姫 あすかひめ
Mammillaria gracilis 'Arizona Snowcap'
花が咲くように全体が白いトゲに覆われてかわいらしい。濃いピンクの花が咲く。

赤花高砂 あかばなたかさご(ロゼイフローラ)
Mammillaria bocassana 'Roseiflora'
ふわふわした白いトゲに覆われ、春にピンクの花を環状に咲かせる。夏の蒸れに注意。

オリビアエ
Mammillaria oliviae
繁殖力旺盛で、周囲から子株を出す。丈夫で育てやすい。大きめなピンクの花が咲く。

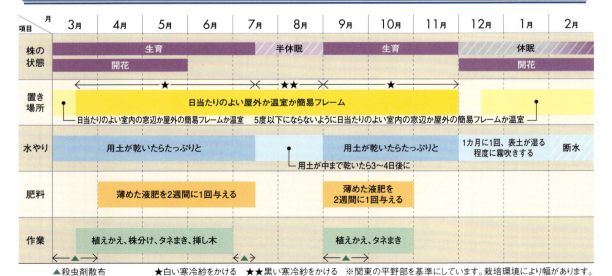

3〜5月、9〜2月は、日中の温度をしっかり上げる　25〜40度くらいを好む
6〜8月は通風しよくする　※サボテンは昼と夜の温度差をつくってあげるとよい(例)夜15度　昼35度

陽炎 かげろう
Mammillaria pennispinosa
羽毛状の繊細な白いトゲに淡桃色のカギトゲが美しい。光を好み、高温多湿が苦手。

春星 はるぼし
Mammillaria humboldtii Ehrenb.
白くて短いトゲでふんわりと包まれる。濃いピンクの花が冠状に咲く。蒸れに注意する。

玉翁殿 ぎょくおうでん
Mammillaria hahniana f. lanata
いぼのわきから白く長い毛を伸ばす。風通しよく育てれば、暑さにも寒さにも強い。

金手毬綴化 きんてまりてっか
Mammillaria elongata f. cristata
やわらかい金色のトゲは、触ってもあまり痛くない。

銀鯱 ぎんしゃち
Mammillaria surculosa
マット状に横へ広がり、子株を出して群生する。秋に黄色い花を咲かせる。

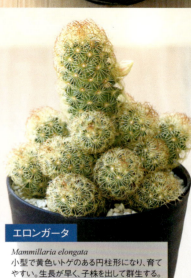

エロンガータ
Mammillaria elongata
小型で黄色いトゲのある円柱形になり、育てやすい。生長が早く、子株を出して群生する。

マミラリアの植えかえ

用意するもの：鉢（2.5号）、鹿沼土（中粒）、多肉植物の用土、ゼオライト（小粒）、ピンセット、ハサミ、土入れ、殺虫剤（オルトランDX粒剤）、緩効性化成肥料（マグァンプK）　**苗**：マミラリア 金洋丸

1
植えかえて株を充実させる。トゲが刺さるのでピンセットで株元を軽くつかみ、ポットから抜く。

2
トゲに注意しながら株元を持って根をほぐし、根についている用土を落とす。

3
株元をピンセットでつかみ、ハサミで根を約1/2切り詰める。切り口を明るい日陰で乾かす。

4
あいている鉢にのせて1〜2週間根を乾かす。上向きや横向きだと形が悪くなる。

5
鉢底に約2cm鹿沼土の中粒を入れ、さらに用土を入れる。

6
殺虫剤を約0.5g入れ、その上から用土を足す。

7
緩効性化成肥料をひとつまみ入れる。

8
4をピンセットで浮かして用土を入れ、苗を植えつける。

9
表面にゼオライトを薄く敷く。植えかえ後1週間は半日陰で管理。

Chapter 3. サボテンの仲間

白鷺 しらさぎ
Mammillaria albiflora
小型で円柱状の白いトゲに覆われたサボテン。子株を多数出して群生する。夏の多湿に注意。

白星 しらぼし
Mammillaria plumosa
透明感のある、痛くないふわっとした白いトゲに包まれる。花はクリーム色。育てやすい。

玉翁 たまおきな
Mammillaria hahniana
小型の円柱形で、白くやわらかなトゲ。小さなピンクの花を冬に冠状に咲かせる。

月影丸 つきかげまる
Mammillaria zeilmanniana
丸い円柱状で、子株を出して群生する。多花性で開花中は花で覆われることもある。

デュエイ
Mammillaria crinita ssp. *duwei*
小型で、径4cmほどの株が群生する。花色にバリエーションがある。

ハウディアナ
Mammillaria saboae ssp. *haudeana*
濃い緑色で小型、群生して大株になる。花つきがよく、濃いピンクの花が美しい。

白鳥 はくちょう
Mammillaria herrerae
全体が白く細かいトゲで覆われ、子株を出して群生する。日当たりを好む。

ピコ
Mammillaria spinosissima cv.
白くて細長いトゲを伸ばす円柱形のサボテン。緑色の肌の色も美しい。濃ピンクの美花。

姫春星 ひめはるぼし
Mammillaria humboldtii var. *caespitosa*
小型で白い毛のようなトゲに覆われる。子株を出して群生する。丈夫で育てやすい。

プロリフェラハイティエンシス
Mammillaria prolifera ssp. *haitiensis*
球状の小型種で、白い毛の中から褐色のトゲを出す。群生して大株になる。

ペインテリー モンストローサ
Mammillaria crinita ssp. *painteri* f. *monstrosa*
ペインテリの変異タイプ。緑色のいぼが連なって独特なフォルムに。

ヘルナンデジー
Mammillaria hernandezii
緑色の球状で、白い花のように展開するトゲが多く、全体に広がる。花はナメクジに注意。

ペレスデラローサエ
Mammillaria perezdelarosae
白い毛に覆われ、茶色いトゲが長く伸びる。夏の蒸れと暑さを避け、涼しく過ごさせる。

マツダエ
Mammillaria matudae
丈夫で育てやすい円筒形のサボテン。ピンクの花が冠状に咲く。

満月 まんげつ
Mammillaria candida f. *rosea*
低い球形で日当たりを好む、冬は乾き気味にし、0度以下にしない。

明星 みょうじょう
Mammillaria schiedeana
綿毛のようなトゲが黄色く鮮かに目立つ。綿毛の間からクリーム色の花が咲く。

夕霧 ゆうぎり
Mammillaria microhelia
白く細かいトゲで覆われ、細長く伸びる。黄色い小さな花がかわいい。紅花種は朝霧の名。

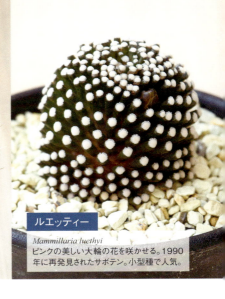

ルエッティー
Mammillaria luethyi
ピンクの美しい大輪の花を咲かせる。1990年に再発見されたサボテン。小型種で人気。

Chapter3. サボテンの仲間

セレウス
ミルチロカクタス

Cereus
Myrtillocactus

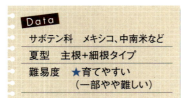

- サボテン科　メキシコ、中南米など
- 夏型　主根＋細根タイプ
- 難易度　★育てやすい
  （一部やや難しい）

金獅子 きんじし
Cereus variabilis f. *monstrosa*
褐色のトゲがあり、白い小さな花を咲かせる。生長点が多いため、「獅子化」したもの。

スピラリス
Cereus forbesii cv. *spiralis*
生長点がらせん状に変化したため、渦巻きのように旋回しながら生長するユニークな姿。

特徴と栽培のコツ

メキシコや南米、中米などに自生するグループで、2種ともに大きくなる柱サボテンです。ユニークな姿で人気があります。とても丈夫で育てやすく、環境さえ整えられれば順調に育ちます。ミルチロカクタスはセレウスよりも、やや寒さに弱いです。生育が早いので、毎年適期に植えかえを行います。傷んだ根や古い根を切り、根を整理してから植えかえたほうが、その後の生育がぐっとよくなります。

残雪の峰 ざんせつのみね
Cereus spegazzinii f. *cristata*
残雪というサボテンの生長点がつながって綴化したもの。独特な風貌を楽しむ。

竜神木 りゅうじんぼく
Myrtillocactus geometrizans
青緑色の太い柱サボテンで、春に白い花を咲かせる。分枝して大株になる。

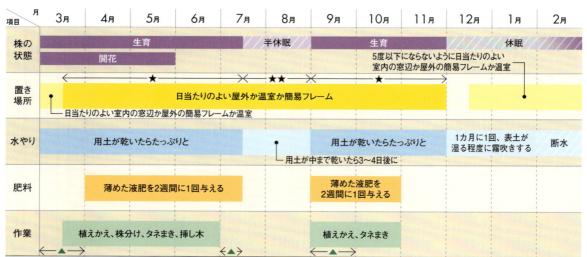

セレウス、ミルチロカクタスの栽培カレンダー　夏型

クムロプンチア テフロカクタス
Cumulopuntia
Tephrocactus

Data
サボテン科　南米など
夏型　細根タイプ
難易度　★育てやすい
　　　　（一部やや難しい）

フェロシオール
Cumulopuntia ferocior
根に大きなイモができる塊根性のサボテン。ふやすときは節で切り離す。

ペントランディー ロッシアヌス
Tephrocactus pentlandii var. *rossianus*
地下に塊根ができ、地上部は小さなイモ形で這うようにつながる。

特徴と栽培のコツ

南米アルゼンチンの高山の岩場などに自生するグループで、平地の砂漠に自生するサボテンとはひと味違います。かなり寒さには強いのですが、蒸れを嫌います。梅雨から夏の間さえ風通しよく管理できれば、丈夫で育てやすいです。風通しがよく強い光が当たれば、一年中外でも栽培できます。テフロカクタスは完全に根を乾かすと傷んでしまうので、冬の休眠期にもときどき水やりします。

アレキサンドリー
Tephrocactus alexanderi
高山の岩場で乾燥した場所に自生する。夏の蒸れに注意。

夜の弥撒 よるのみさ
Tephrocactus articulatus var. *syringacanthus*
白くて薄いトゲがユニーク。団子を重ねたような形で、節で切れやすい。

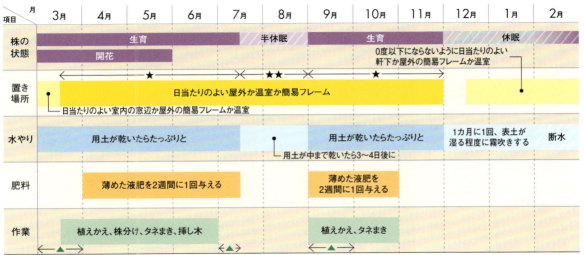

3〜5月、9〜2月は、日中の温度をしっかり上げる　25〜40度くらいを好む
6〜8月は通風しよくする　※サボテンは昼と夜の温度差をつくってあげるとよい（例）夜15度　昼35度

Chapter3. サボテンの仲間

パロディア メロカクタス
Parodia
Melocactus

Data
- サボテン科　中南米など
- 夏型　細根タイプ
- 難易度　★育てやすい
　　　　（一部やや難しい）

特徴と栽培のコツ

ともに中南米などに自生し、丈夫で昔から人気があり、育てやすい、初心者向きのグループです。両者ともに寒さには弱く、蒸れが苦手なので、夏は軒下などで雨を避けます。
パロディアは耐寒性、耐暑性は強いのですが、蒸れがとても苦手です。メロカクタスは寒暖差が少ない気候に自生しているので寒さにとても弱いです。花座が出ると下部にカイガラムシがつきやすいので注意が必要です。

金晃丸 きんこうまる
Parodia leninghausii
円柱形で、生長すると高さ1mほどまで伸びる。子株を出して群生する。育てやすい。

錦繍玉 きんしゅうぎょく
Parodia microsperma ssp. aureispina
かぎトゲをもち、黄色い花が美しい。丈夫で育てやすい。

白閃小町 はくせんこまち
Parodia rudibuenekeri
白く細かいトゲを放射状に出す。暑さにも寒さにも強い。冬は水やりを控える。

ロベリー
Melocactus curvispinus ssp. lobelii
トルコ帽子に似た花座が出ると、球体が伸びずに花座だけ伸びる。自家受粉でもふえる。

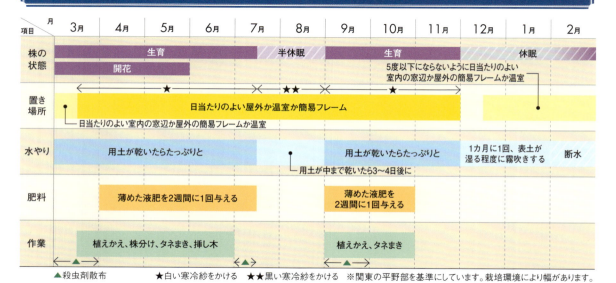

パロディア、メロカクタスの栽培カレンダー　夏型

▲殺虫剤散布　　★白い寒冷紗をかける　★★黒い寒冷紗をかける　※関東の平野部を基準にしています。栽培環境により幅があります。

3〜5月、9〜2月は、日中の温度をしっかり上げる　25〜40度くらいを好む
6〜8月は通風よくする　※サボテンは昼と夜の温度差をつくってあげるとよい（例）夜15度　昼35度

フライレア リプサリス

Frailea
Rhipsalis

Data
- サボテン科　中南米など
- 夏型　太根タイプ・細根タイプ
- 難易度　★★やや難しい

特徴と栽培のコツ

フライレアは主に南米に自生する小型種で、自家受粉してタネができ、自然にこぼれて発芽します。根が塊根状なので過湿による根腐れに気をつけます。強い光が苦手なので、半日陰に置くか遮光します。リプサリスは熱帯雨林の木の幹や岩に着生します。ほかのサボテンよりも弱い光が適し、直射日光が苦手です。生長すると春に白や黄色の花を咲かせます。根は蒸れに弱く過湿で根腐れを起こしやすいので、用土が乾いてから水やりします。

紫雲丸 しうんまる
Frailea grahliana
紫色と深緑の2色の肌で、周囲にたくさん子株ができる。生育スピードが速い。

士童 しどう
Frailea castanea
カボチャのような姿の人気種。蒸れが苦手で、夏は水やりを控える。冬の休眠期も水は控えめ。

マミフェラ
Frailea mammifera
やわらかい光を好む。子株が多数出て群生するが、自家受粉で結実し、実生でもふえる。

青柳 あおやぎ
Rhipsalis cereuscula
小さな緑の粒がつながったような姿で、分枝しながら広がる。過湿による根腐れに注意。

フライレア、リプサリスの栽培カレンダー　夏型

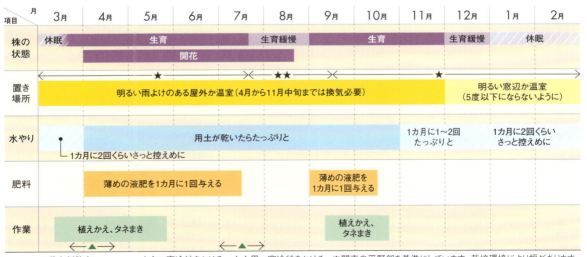

▲殺虫剤散布　　★白い寒冷紗をかける　　★★黒い寒冷紗をかける　　※関東の平野部を基準にしています。栽培環境により幅があります。

3～5月、9～2月は、日中の温度をしっかり上げる　25～40度くらいを好む
6～8月は通風よくする　※サボテンは昼と夜の温度差をつくってあげるとよい(例)夜15度　昼35度

105

Chapter 4. アロエの仲間

アガベ
Agave

> **Data**
> キジカクシ科　中南米
> 夏型　太根タイプ
> 難易度　★育てやすい
> 　　　　（一部やや難しい）

特徴と栽培のコツ

中南米に広く自生地があり、約200種に及びます。丈夫で育てやすいものが多いです。乾燥地に生育しているものが多く、耐寒性のある種なら、関東平野部以西では庭植えできます。

蒸れを嫌うので、夏は風通しのよい場所で育てるのがポイント。春から秋は雨よけのある風通しのよいひなたに置きます。冬は霜に当てると傷むので、軒下や簡易フレームなどの暖かい場所で保護します。耐寒性に差があるので、種によっては5度以下にならないように注意。日当たりが悪いと葉の色がさえなくなります。

笹の雪アイボリー　ささのゆき あいぼりー
Agave victoriae-reginae f. variegata
笹の雪に黄覆輪が入る選抜種。暑さと寒さには強い。梅雨時期の過湿に注意。

王妃甲蟹　おうひかぶとがに
Agave isthmensis
葉の縁にある明るい茶色のトゲがくっついて帯状に連なる。イシスメンシスの選抜種。

王妃甲蟹錦 タイプA　おうひかぶとがににしき
Agave isthmensis f.variegata
王妃甲蟹に覆輪が入る。冬は5度以上で管理し、夏はやや光をやわらかくするとよい。

笹の雪　ささのゆき
Agave victoriae-reginae
丈夫で美しい人気種。葉の上に入る白のペンキが鮮やかなものほど人気。

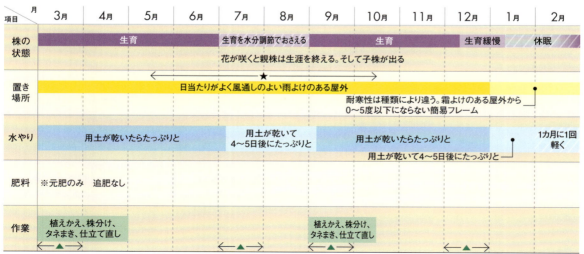

106

白糸の王妃笹の雪錦 しらいとのおうひささのゆきにしき
Agave filifera f. *variegata*
クリーム色の外斑と繊細な白い糸が特徴。丈夫で暑さに強い。冬の寒さには注意する。

新雪山 しんせつざん（ロッキー白山）
Agave victoriae-reginae f. *variegata*
クリーム色の外斑から名がついた。夏に暑ぎるとクリーム色の部分が茶色に変色する。

ドラゴントゥース
Agave pygmaea 'Dragon Toes'
葉が美しく、大型で、のぎが茶色くなる。ピグマエアの選抜個体。比較的寒さには強い。

トルンカータ
Agave parryi var. *truncata*
青磁色でロゼット型の葉が美しく、暑さと寒さにも強い。丈夫で育てやすい大型種。

ベルシャフェルティー錦 べるしゃふぇるていにしき
Agave potatorum var. *verschaffeltii* f. *variegata*
斑入りの葉が魅力。夏の葉やけを防ぐには、やわらかい日差しで管理する。冬の寒さに注意。

鳳凰 ほうおう
Agave potatorum f. *variegata*
やわらかい日差しを好む。特に冬の寒さ弱いので注意。傷むと葉にしみができる。

ユタエンシス
Agave uthaensis
トゲが短く、青みのある葉が美しい。アガベの中では暑さ寒さに強い。

エボリスピナ
Agave utahensis var. *eborispina*
白く長いトゲで、比較的暑さと寒さに強いが夏の多湿には弱い。水やりはやや少なめに管理。

Point

子株ができたらはずして株分けする

アガベには、親株が充実すると周りに子株ができることが多く、株分けでふやせます。

1
春先か、秋口が適期。夏と冬に株分けすると、子株が傷んで枯れることがある。

2
親株から分けてポットに植える。できるだけ、根や軸をつけ、切断面は最小に。

107

Chapter4. アロエの仲間

アストロロバ
ガステリア

Astroloba
Gasteria

Data
ツルボラン科　南アフリカ
夏型（春秋型に近い）　太根タイプ
難易度　★育てやすい
　　　　（一部やや難しい）

特徴と栽培のコツ

ともにごぼう根でロゼット型、肉厚の葉で水分をしっかりため込むタイプです。根は葉の根元から出て、毎年少しずつ更新します。年間を通じて風通しのよい屋外で30～60％の遮光下が栽培に適します。春と秋の温度差のある時期は、乾いたらたっぷりと水やりし、真夏は朝夕の涼しい時間帯にたっぷりと水を与えます。アストロロバはフォルムも生育パターンも、ややハオルチアに近いです。ガステリアは日差しが強くても丈夫です。

ドドソニアナ
Astroloba dodsoniana
やわらかい光を好み、生育期はたっぷりと水やりする。休眠期は水やりを控えて管理。

臥牛 きらら（がぎゅう きらら）
Gasteria armstrongii 'Kirara'
バランスが整った草姿で重厚感がある大型種。白い斑点が美しく、人気がある。

恐竜錦 きょうりゅうにしき
Gasteria pillansii hyb. f. *variegata*
恐竜とピランシー錦の交配種。やや光をやわらかくすると葉の色がさえ、機嫌よく育つ。

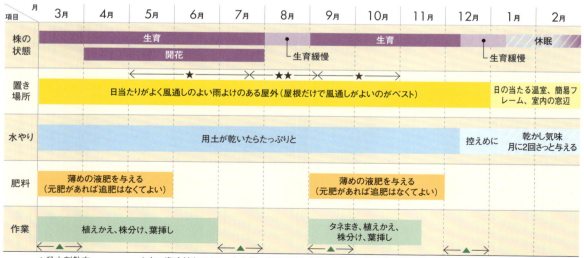

アストロロバ、ガステリアの栽培カレンダー　夏型（春秋型に近い）

▲殺虫剤散布　　★白い寒冷紗をかける　　★★黒い寒冷紗をかける　　※関東の平野部を基準にしています。栽培環境により幅があります。

恐竜ピランシー きょうりゅうぴらんしー
Gasteria pillansii 'Kyoryu'
ピランシーの選抜種で、軍配形に葉が広がる。水が足りないと葉が薄くなる。強光を好む。

小亀姫 こがめひめ（リリプターナ）
Gasteria bicolor var. *liliputana*
繊細な模様が入り、幾何学的に展開する葉が特徴。小型で子株が群生し、丈夫で育てやすい。

子宝錦 こだからにしき
Gasteria gracilis var. *minima* f. *variegata*
小型で丈夫な人気の種で、斑の入り方に個体差がある。子株がふえやすい。

ピランシー錦 ぴらんしーにしき
Gasteria pillansii f. *variegata*
通年日当たりと風通しよくし、春から秋は乾いたら水やりする。葉が旋回して大きくなる。

ブラック春鶯囀 ぶらっくしゅんおうてん
Gasteria batesiana
葉の表面にある黒みを帯びて細かいザラザラした模様が特徴。弱めの光を好む。

Point
子株は親株からはずし植えかえてふやす

ガステリアは、親株が充実すると周りに子株ができます。子株が育ち、葉が3枚以上になったら、株分けして植えかえるとふやせます。
作業は生育期のはじめに行い、休眠期や生育緩慢な時期は、株が傷むので行いません。

1 親株のわきから伸びた子株。このまま大きくなると鉢がいっぱいになるので株分けする。

2 株の下を横から持ち、静かに引きながら子株をはずす。別のポットに植えかえる。

109

Chapter 4. アロエの仲間

アロエ
Aloe

> **Data**
> ツルボラン科
> 南アフリカ、マダガスカル島など
> 夏型(一部は春秋型) 太根タイプ
> 難易度 ★育てやすい

特徴と栽培のコツ

南アフリカ、マダガスカル島を中心に自生し、アロエは約500種あります。丈夫で育てやすいものが多いです。5cm程度の小型種から10mくらいの木に育つ種類まで、バリエーションがあり、耐寒性のある種なら、関東平野部以西の地域で庭植えできます。高山性の種は特に、夏は風通しのよい場所を好みます。雨よけのある風通しのよいひなたでよく育ちます。日照が足りないと間延びします。冬は霜に当てると傷むので、軒下や簡易フレームなどで保護しましょう。

エリナケア
Aloe melanacantha var. *erinacea*
長いトゲが特徴で生長が遅い。寒さには強いが蒸れには弱い。夏は乾かし気味に管理する。

木立アロエ錦 きだちあろえにしき
Aloe boiteani
古くからある、斑入り種の木立アロエ。丈夫で育てやすい。温暖地は屋外で栽培できる。

キポリニコラ
Aloe capitata var. *cipolinicola*
キャピタータの変種で、葉が少し伸びると木立ちし、下葉が枯れてくる。

クアルチチコラ
Aloe capitata var. *quartziticola*
鮮やかな緑の葉に入るオレンジ色のトゲ。秋にはトゲが紅葉する。春と秋に生育する。

アロエの栽培カレンダー　夏型(一部は春秋型)

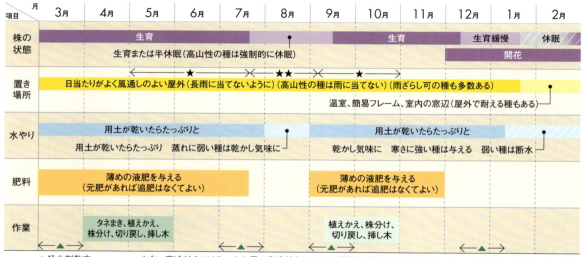

クリスマスキャロル
Aloe 'Christmas Carol'
赤みを帯びた優美な紫色の葉で、秋には葉の全体が真っ赤に紅葉する。人気の交配種。

スザンナエ
Aloe suzannae
マダガスカル島産で葉が1m以上伸びるレアな品種。寒さに弱く、根が活着しにくい。

スプラフォリアータ
Aloe suprafoliata
対になった美しい葉が伸びる人気のアロエ。日当たりと風通しよく育てないと細くなる。

千代田錦 ちよだにしき
Aloe variegata
葉の縞模様が美しい種。古くからあるすぐれた品種で、あまり大きくはならない。

ディコトマ
Aloe dichotoma
1本の幹から葉が展開する。老成すると10m以上になり、若い株のうちから株立ちになる。

ボイレイ
Aloe boylei
根の基部がふくらんで玉ができるグラス系のアロエ。花はサーモンピンク。

ポリフィラ
Aloe polyphylla
高山性種で風通しとひなたを好む。北風と霜を避ければ、通年屋外で育てられる。

ラモシシマ
Aloe dichotoma ssp. ramosissima
わきから枝が出やすく、細い葉が魅力。木立ちしやすく、まとまりがよい。

Point

傷んだ下葉は早めに取り除く

蒸れなどで傷んだ下葉は、そのままにしておくと水がたまって株が傷んだり、病害虫の温床になることがあります。手でそっとはずし、とり除いておきます。内側の茎を傷つけないように、やさしくとります。

傷んで茶色くなった下葉。横からひねるようにはずすときれいにとれる。

Chapter4. アロエの仲間

アルブカ
ゲチリス
トラキアンドラ

Albuca
Gethyllis
Trachyandra

Data
キジカクシ科・ヒガンバナ科・ツルボラン科　南アフリカなど
冬型　細根タイプ
難易度　★★やや難しい

特徴と栽培のコツ

南アフリカなどに自生し、クルクルと曲がった奇妙な葉が人気です。寒い時期に生育期を迎える球根植物で、秋に葉が伸びてきたら水やりを開始します。風通しのよい場所でしっかり日に当てないと、とたんに葉がだらしなく伸びるので注意。3～5度くらいまでの寒さに耐えます。休眠期は地上部がなくなり、球根だけになります。蒸れを嫌うので、夏は風通しのよい半日陰で水を控えて管理します。

コンコルディアナ
Albuca concordiana
外で十分日に当てないと葉が巻かない。部屋に入れるとあっという間に葉が垂れる。

スピラリス
Albuca spiralis
クルクルした葉が人気。強い光で育てないと葉が巻かない。

リネアリス
Gethyllis linearis
縦にクルクルとカールする葉が魅力的。日によく当てて屋外で育てないと葉が巻かない。

トルチリス
Trachyandra tortilis
10～20cmに伸びる葉が波を打って曲がる人気種。外の軒下で管理し、根を乾かさない。

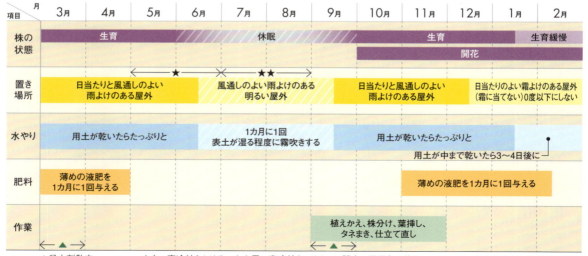

アルブカ、ゲチリス、トラキアンドラの栽培カレンダー　冬型

▲殺虫剤散布　　★白い寒冷紗をかける　　★★黒い寒冷紗をかける　　※関東の平野部を基準にしています。栽培環境により幅があります。

オーニソガラム
ブルビネ

Ornithogalum
Bulbine

Data
キジカクシ科・ツルボラン科
南アフリカなど
冬型　細根タイプ
難易度　★★やや難しい

特徴と栽培のコツ

南アフリカなどに自生し、ユニークな細い葉や丸い葉が人気です。ともに地下に球根や根塊があり、秋に葉が伸びてきたら水やりを開始します。日当たりと風通しのよい場所に置きます。秋から春の生育期は水が好きなので、完全に乾く前に水やりします。冬は霜や北風に当てないように注意。夏の休眠期に蒸れると枯れることがあるので、風通しのよい半日陰で水を控えて管理します。オーニソガラム ユニフォリウムは近年アルブカ属に統合されています。

ムルチフォリウム
Ornithogalum multifolium
秋に細長い葉を伸ばす球根植物で、休眠期は水やりをやめ、風通しのよい棚の下などに。

ユニフォリウム
Ornithogalum unifolium
大きくふくらんだ円柱状の長い葉が1枚だけ伸びる、ユニークな草姿。地下に球根がある。

マルガレサエ
Bulbine margarethae
網目模様のある細い葉で、土の中に太い根塊ができる。休眠中は半日陰で水やりを控える。

メセンブリアンテモイデス
Bulbine mesembryanthemoides
秋に卵形で透明感のある葉を伸ばし、細く長い花茎が出る。葉がふくらんだら水やりを開始。

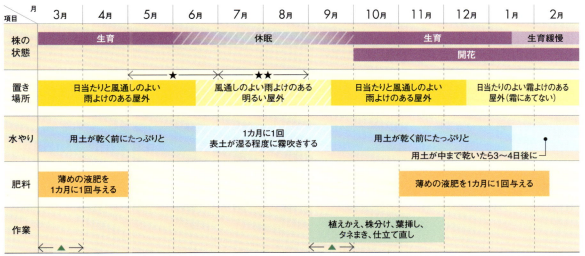

113

Chapter4. アロエの仲間

サンセベリア
Sansevieria

Data
キジカクシ科　アフリカなど
夏型　太根タイプ
難易度　★育てやすい

特徴と栽培のコツ

アフリカを中心に自生し、大型種は観葉植物として人気です。多肉植物として栽培されるのは、小型で色や形が美しい種で、春から秋が生長期です。生長期は屋外で管理できますが、真夏の強い日差しは苦手です。明るい半日陰に置くか、寒冷紗を使ってやわらかい光にし、用土が乾いたらたっぷり水を与えます。蒸れを嫌うので風通しのよい場所に置きます。寒さに弱いので、気温が15度を下回ったら窓辺や温室に移し、真冬は断水します。

エーレンベルギー バナナ
Sansevieria ehrenbergii
青いバナナに似た厚い葉で、赤い縁取りが美しい。比較的丈夫だが、冬は断水する。

スキミタリフォルミス
Sansevieria scimitariformis
葉の縁が赤く、シルバーがかった模様が入る。生長は遅く、茂ると硬質の葉が展開する。

ラブラノス錦 らぶらのすにしき
Sansevieria SP. lawanos23251 f.variegata
明るい黄緑色の掃き斑が入り、葉が赤く縁取られる。日当たりを好み、冬は取り込んで保護。

ロリダ
Sansevieria rorida
ソマリア原産で生育が遅く、裏に横筋がある厚い葉が扇形に展開。休眠期は水やりを控える。

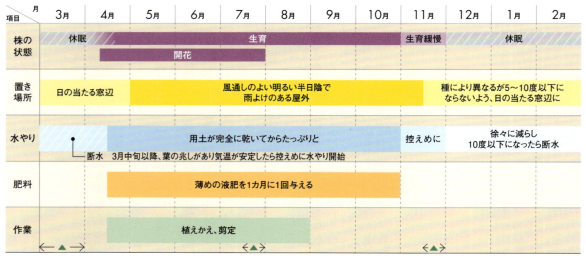

サンセベリアの栽培カレンダー　夏型

※関東の平野部を基準にしています。栽培環境により幅があります。
▲殺虫剤散布

ドリミア
ラケナリア

Drimia
Lachenalia

Data
- キジカクシ科
- 南アフリカ、ナミビアなど
- 冬型　細根タイプ
- 難易度　★★やや難しい

特徴と栽培のコツ

南アフリカなどに自生する球根植物です。丸い葉や長細い葉が人気です。秋に涼しくなって葉が出てきたら、徐々に水やりを開始します。日当たりと風通しのよい場所で育て、秋から春の生育期は水が好きなので、乾く前に水やりします。完全に乾かしてしまうと株が傷みます。冬は霜や北風に当たらないように気をつけます。休眠期は地上部がなくなり、蒸れを嫌うので、夏は風通しのよい半日陰に置き、水やりを控えて管理します。

毛羽玉 けばだま
Drimia platyphylla
プラティフィラで、葉の表面に白くて細かい毛がたくさん生えるタイプ。

ハオルチオイデス
Drimia haworthioides
花が咲いたように展開する葉が魅力。球根は夏の休眠期に鉢ごと断水して涼しく管理する。

プラティフィラ
Drimia platyphylla
秋からの生育期に伸びる丸い葉がかわいい。夏の休眠期は水をきって涼しく。

トリコフィラ
Lachenalia trichophylla
丸い葉が1枚出て、葉のつけ根から細い花茎が伸び、花を咲かせる。やわらかい光を好む。

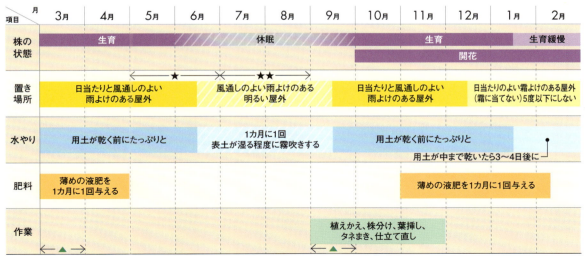

ドリミア、ラケナリアの栽培カレンダー　冬型

▲殺虫剤散布　★白い寒冷紗をかける　★★黒い寒冷紗をかける　※関東の平野部を基準にしています。栽培環境により幅があります。

115

Chapter4. アロエの仲間

ハオルチア
Haworthia

Data
- ツルボラン科　南アフリカ
- 春秋型　太根タイプ
- 難易度　★育てやすい
　　　　（一部やや難しい）

特徴と栽培のコツ

南アフリカだけに自生します。葉の形が多様で、先端部に「窓」があるタイプとかたい葉をもつタイプがあります。年間を通じて風通しのよい屋外で、やや湿度を与えながら育てます。30〜60％の遮光下が栽培に適します。生育期は、乾いたらたっぷりと水やりし、真夏は朝夕の涼しい時間帯に控えめにさっと水を与えます。冬は凍らなければ、関東平野部以西の暖地なら、簡易フレームで冬越しできます。近年は窓際でLEDライトを使った栽培も盛んです。

オブツーサ（トルンカータ）
Haworthia cooperi var. *truncata*
オブツーサとはクーペリー トルンカータのニックネーム。小型で透明な窓が美しい。

ギガス
Haworthia arachnoidea var. *gigas*
やや薄めの葉がレース状で密になり、径10cm以上になる。カイガラムシがつきやすい。

玉扇　ぎょくせん
Haworthia truncate
扇状に葉が出る、ユニークなフォルムで人気。葉の先端の窓がレンズになっている。

ハーレムノックタウン
Haworthia hybrida
チョコバニラ×アイスキャンディ。つやのある白雲系の窓がきれいな交配種。

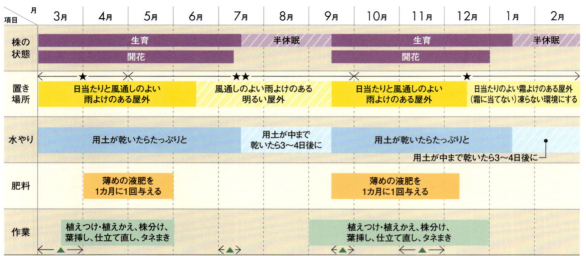

ハオルチアの栽培カレンダー　春秋型

項目	3月	4月	5月	6月	7月	8月	9月	10月	11月	12月	1月	2月
株の状態	生育	生育	生育	生育	半休眠	半休眠	生育	生育	生育	生育	半休眠	半休眠
	開花	開花	開花	開花			開花	開花	開花	開花		
置き場所	日当たりと風通しのよい雨よけのある屋外	←★→			←★★→ 風通しのよい雨よけのある明るい屋外		←★→ 日当たりと風通しのよい雨よけのある屋外				日当たりのよい霜よけのある屋外（霜に当てない）凍らない環境にする	
水やり	用土が乾いたらたっぷりと				用土が中まで乾いたら3〜4日後に		用土が乾いたらたっぷりと			用土が中まで乾いたら3〜4日後に		
肥料		薄めの液肥を1カ月に1回与える					薄めの液肥を1カ月に1回与える					
作業		植えつけ・植えかえ、株分け、葉挿し、仕立て直し、タネまき					植えつけ・植えかえ、株分け、葉挿し、仕立て直し、タネまき					

▲殺虫剤散布　★白い寒冷紗をかける　★★黒い寒冷紗をかける　※関東の平野部を基準にしています。栽培環境により幅があります。

金城 きんじょう
Haworthia margaritifera f. *variegata*
古くからある丈夫で育てやすい硬葉系。黄斑だが、斑の入り方が変わるものもある。

グリーンイグアナ
Haworthia 'Green Iguana'
つやがある大きな窓にジェラート模様が特徴。マリリン×アイスキャンディの選抜種。

黒水晶 くろすいしょう
Haworthia 'Kurosuishou'
黒い葉で透明感があり、窓が大きい。交配したものから黒い肌のものを選抜した。

氷砂糖 こおりざとう
Haworthia turgida f. *variegata*
玉緑の斑入り種で、斑の部分が大きいため生育が遅い。子株が出やすい。

スノーレパード
Haworthia 'Snow Leopard'
葉の表面にガラス質の粒、裏に丸い窓がある交配種。表面が光って美しい。

ゼブラ
Haworthia fasciata cv.
硬葉系で、十二の巻ワイドバンドとも呼ばれる。大型になり、丈夫で育てやすい。

ハオルチアのふやし方

用意するもの：鉢（2.5号）、鹿沼土（中粒）、多肉植物の用土、ゼオライト（小粒）、ハサミ、土入れ、殺虫剤（オルトランDX粒剤）など、ワイヤ
苗：ハオルチア ニグラ

1. 苗をポットから抜き、根の状態を確認する。白い根は健康な根。
2. 褐色でフカフカになった根は傷んでいるので、ピンセットで取り除く。
3. 株が自然に分かれるところで株分けする。傷がある場合は2〜3日乾かす。
4. 2つに株分けした状態。あまり細かく分けない。根が折れないように注意して植え込む。

5. 鉢底に約2cm鹿沼土の中粒を入れ、さらに用土を入れる。
6. 殺虫剤を約0.5g入れ、その上から用土を足す。
7. 4の苗を支えながら用土を足し、表面にゼオライトを敷く。
8. 株がもち上がらないように、葉の間にワイヤをかける。
9. 植え込んだら、鉢底からきれいな水が出るまで水やりする。

ブリンジーhyb×ギガス
Haworthia bruynsii hyb × *Haworthia arachnoidea* var. *gigas*
ブリンジーとギガスの交配種。交配親2種のよい特徴が受け継がれた美しい姿。

星の林 ほしのはやし
Haworthia reinwardtii var. *archibaldiae*
硬葉系のハオルチアで、濃い緑の尖った葉に白い点状の斑が美しく入る。

緑水晶錦 みどりすいしょうにしき
Haworthia 'Midorisuishounishiki'
ブラックオブツーサ錦の交配種の中から生まれた斑入り種。斑の色が絶妙。

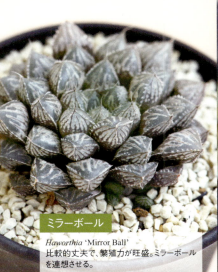

ミラーボール
Haworthia 'Mirror Ball'
比較的丈夫で、繁殖力が旺盛。ミラーボールを連想させる。

ミラクルピクタA
Haworthia picta 'Miraclepicta A'
夏は水やりを控えめに管理したほうがうまく育てられる。ドーム型に育つ。

雄姿城錦 ゆうしじょうにしき
Haworthia limifolia var. *schuldtiana* f. *variegata*
硬葉系の中でも黄色い鮮明な斑が入り、丈夫で育てやすい。

雄姿城 白斑 ゆうしじょう しろふ
Haworthia limifolia var. *schuldtiana* f. *variegata*
硬葉系の雄姿城で、白い斑が美しく入るものを選抜した。生長は遅め。

Point
大株や貴重な株は葉挿しでバックアップをとる

大きく育って充実した株や貴重な株は、葉挿しでバックアップをとっておくのもひとつの方法です。テグスを株の内側にかけて引き、つけ根の軸を切ります。大まかに2つに分け、あまり細かく分けないのがコツです。作業は生育期のはじめに行い、休眠期や生育緩慢な時期は、株が傷むので行いません。

1

充実した大きな株。貴重な株をふやしてバックアップをとっておきたいときは、生育期のはじめに切り分けてふやせる。

2

外側の葉を一周分ほど残したところにテグスを差し込み、引っ張って株を切り分ける。

3

元の株は風通しよく管理すると切り口から新しい芽が出る。はずした葉は、発根促進剤をつけ、乾かしてから植えつける。

Chapter5. ユーフォルビアの仲間

ユーフォルビア（夏型）
Euphorbia

Data
- トウダイグサ科
- アフリカ、マダガスカル島など
- 夏型　細根タイプ
- 難易度　★育てやすい（一部やや難しい）

特徴と栽培のコツ

世界中に分布する大きなグループですが、多肉植物として育てられているものは、アフリカやマダガスカル島に自生する個性的なフォルムをもつものが中心です。大きく夏型種と冬型種に分かれますが、夏型といっても春と秋の温度差のある時期に旺盛に育ちます。水やりは、春から秋にはたっぷり与えます。分布が広いので、夏に生育が緩慢になるものと、夏でも丈夫なものがあります。夏は風通しがよい場所に置き、過湿にならないように注意します。

アンボボンベンシス
Euphorbia ambovombensis
葉の色とふっくらした幹が人気。生長が遅く、基部がふくらんで根塊のようになる。

イネルミス（九頭竜 くずりゅう）
Euphorbia inermis
日当たりと風通しよく管理。冬は部屋に入れたままにせず、日中は外で寒さに当てる。

オベサ
Euphorbia obesa
玉型で模様が美しく、育つと円柱形になる。丈夫で育てやすく、雌雄異株。

峨眉山（がびさん）
Euphorbia 'Gabisan'
梅雨と夏の蒸し暑さに弱く、過湿になるとすぐに傷むので注意。水をやりすぎない。

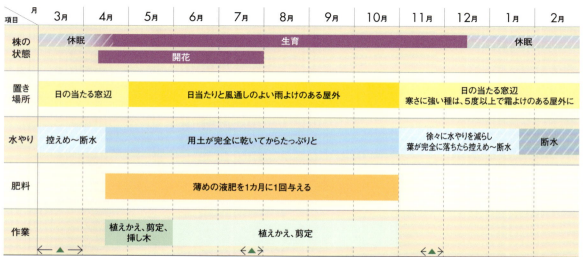

▲殺虫剤散布　　※関東の平野部を基準にしています。栽培環境により幅があります。

キシロフィロイデス (へら珊瑚 へらさんご)
Euphorbia xylophylloides
雨にぬれても大丈夫で、比較的育てやすい。たっぷりと日に当てる。水を好む。

紅彩閣 こうさいかく
Euphorbia enopla
入門にぴったりの丈夫なユーフォルビア。新しい葉が出る時期は、トゲが真っ赤になる。

金輪際 こんりんざい(ゴルゴニス)
Euphorbia gorgonis
比較的丈夫で、ユニークな姿。花に独特なにおい。夏は雨を避け、春と秋は風通しよくする。

神蛇丸 しんだまる
Euphorbia clavarioides var. *truncata*
雨に当てずに乾かし気味にして育てる。夏は断水して風通しよく過ごさせる。

シンメトリカ
Euphorbia obesa ssp. *symmetrica*
オベサの変種で、偏平に育ち、円柱状にはならないのが特徴。肌の模様が美しい。

スザンナエ (瑠璃晃 るりこう)
Euphorbia susannae
丈夫で育てやすく、周りに子株がふえて群生する。梅雨の長雨に当てないほうがよい。

大正キリン たいしょうきりん
Euphorbia officinarum ssp. *echinus*
古くからある丈夫でサボテンのようなユーフォルビア。丈夫で雨ざらしでも育つ。

鉄甲丸 てっこうまる
Euphorbia bupleurfolia
うろこのような黒い幹が特徴。蒸れによる根腐れで枯れるので、夏の過湿に注意。

トゥレアレンシス
Euphorbia tulearensis
ゴツゴツした竜のような枝。春から秋は、光は弱めで水は多めに与え、夏は乾かし気味に。

Chapter 5. ユーフォルビアの仲間

トリカデニア
Euphorbia trichadenia
根がふくらむタイプ。日照不足だと葉や茎が寝てしまう。日当たりと風通しをよくする。

トルチラマ
Euphorbia tortirama
根が太ってふくらむ。根にも葉にも水分をため込み、葉が横に広がって伸びる。

バリダ
Euphorbia meloformis ssp. *valida*
花座が残るのが特徴。雌雄異株。冬にはしっかり日に当てる。通年風通しよく育てる。

飛竜 ひりゅう
Euphorbia stellate
根がイモになり、葉がダイナミックに展開する。光を好み、日照不足だと葉が細くなる。

フランコイシー
Euphorbia francoisii
半日陰と水分を好み、夏も完全には水をきらない。春と秋はたっぷり水やりする。

ポイソニー
Euphorbia poisonii
丈夫で育てやすく、柱状になる。春から秋は屋外でも育てられる。なるべく幹を切らない。

蓬莱島 ほうらいとう
Euphorbia decidua
塊根が太るタイプで、休眠期は葉がなくなる。生育期に葉が再び出る。

ホリダ錦 ほりだにしき
Euphorbia horrida f. *variegata*
黄色い斑が鮮やか。光が弱いと斑の色がぼやける。伸びたトゲの先端に花が咲く。

オンコクダ綴化 おんこくだてっか
Euphorbia alluaudii ssp. *oncoclada*
丈夫だが、台風のあとの強光など、夏の気候の変化に注意。葉が重なりすぎると蒸れる。

ユーフォルビア（冬型）
Euphorbia

Data
トウダイグサ科
アフリカ、マダガスカル島など
冬型　細根タイプ
難易度　★育てやすい
　　　　（一部やや難しい）

エクロニー（鬼笑い おにわらい）
Euphorbia ecklonii
つやつやした葉と塊根が楽しめるのが魅力。生育期に日照や寒暖差が不足すると徒長する。

特徴と栽培のコツ

冬型種のユーフォルビアは、梅雨時期から夏の間、葉が落ちて休眠期に入ります。休眠中は風通しのよい涼しい半日陰に置き、水やりをやめます。9月に入り、お彼岸のころに生育が始まります。夜間気温がしっかり下がったら水やりを開始します。比較的寒さに強いのですが、最低温度は5度くらいにキープするとダメージが少なく、じょうずに冬越しができます。真冬は水やりも控えめにします。

Point
ユーフォルビアは切ると白い汁が出る

花キリンなどの丈夫なユーフォルビアは、挿し木でもふやすことができます。注意するのは、挿し穂を作るために枝を切ると出る白い汁を、きれいに洗い流してから乾かすことです。そのまま挿すと、うまく活着しません。

1　生育期に花キリンの枝をハサミで切る。すぐに白い汁が出てくる。

2　切り口から白い汁がたくさん出てくる。皮膚につけるとかぶれることがあるので注意。

3　汁を水でよく洗い流して切り口を乾かし、用土に挿す。

ユーフォルビアの栽培カレンダー　冬型

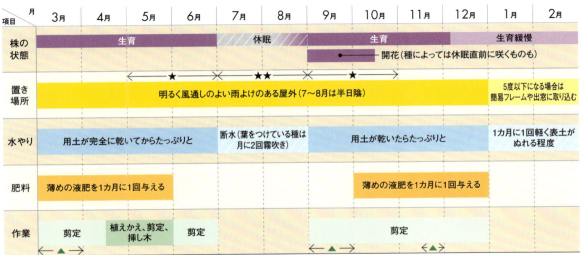

Chapter6. コーデックスと個性的な多肉植物

アデニア
オペルクリカリヤ
キフォステンマ
パキコルムス

Adenia
Operculicarya
Cyphostemma
Pachycormus

Data
- トケイソウ科・ウルシ科・ブドウ科
- アフリカ、東南アジア、マダガスカル島など
- 夏型　細根タイプ
- 難易度　★★育てやすい（一部やや難しい）

特徴と栽培のコツ

コーデックスとして人気のグループです。アデニアはトケイソウの仲間でつる性の植物。幹が太るタイプで春先からよく日の当たる風通しのよい場所が適し、生育期は水が好きです。つるを伸ばしてみずから塊根部を守り、強い直射日光は苦手です。オペルクリカリヤやパキコルムスは、冬の休眠期は葉を落としますが比較的丈夫で、最低温度5〜10度を保って断水します。

グラウカ
Adenia glauca
とっくり型で鮮やかな緑になる根塊。つるが伸びて葉が出る。風通しよく育てる。

グロボーサ
Adenia globosa
茎にトゲがあるつるが伸びる。寒さに弱く、10度以下にしない。冬は断水する。

Point

生育期は水を欲しがりますが、与えすぎても形が崩れます。用土が乾いてから水を与えます。冬が近づいて葉を落とし始めたら、徐々に水やりを減らしますが、完全に水をきると生育が悪くなります。一部を除き、月に1〜2回、さっと表面に水をかけます。

小さなコーデックスの水やりのコツ

小さな株は、生育緩慢な時期は月に1〜2回、さっと軽く水をかけて湿らせる。

アデニア、オペルクリカリヤ、キフォステンマ、パキコルムスの栽培カレンダー　夏型

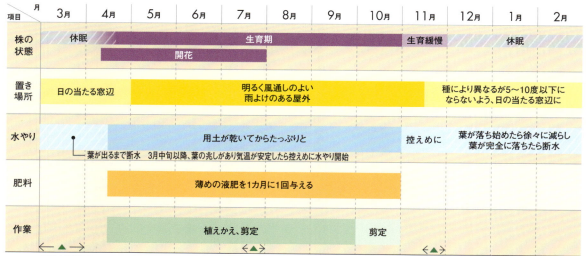

▲殺虫剤散布　　※関東の平野部を基準にしています。栽培環境により幅があります。

バリー
Adenia ballyi
流通は少ないが比較的育てやすく、半日陰で風通しよく育てる。10度以下にしない。

デカリー
Operculicarya decaryi
幹が太く生長し、盆栽風になる。剪定して形を整える。春から秋は屋外で雨ざらしがよい。

パキプス
Operculicarya pachypus
枝が細かくジグザグと曲がり、丈は低いが幹のタンクが大きく太る。根が伸びにくい。

ベティフォルメ
Cyphostemma betiforme
幹がゆっくり太るコーデックス。雨よけのある場所で育てたほうが、株姿が整う。

マクロプス
Cyphostemma macropus
先に花が咲いてから葉が出る。強めの光と水を好むが、水やりが多すぎると葉が伸びすぎる。

ディスカラー（象の木 ぞうのき）
Pachycormus discolor
幹が太り、幹肌がザラザラで象の皮膚のようになる。風通しと日当たりを好む。

Chapter 6. コーデックスと個性的な多肉植物

アデニウム
パキポディウム
ヤトロファ

Adenium
Pachypodium
Jatropha

Data
キョウチクトウ科・トウダイグサ科
アフリカ、マダガスカル島、中南米など
夏型　太根タイプ
難易度　★育てやすい

特徴と栽培のコツ

コーデックスとして人気が高いグループです。年間を通じて日当たりを好みます。春先に葉が出る兆しがあったら徐々に水やりを開始、最低温度が15度を切らなくなったころに屋外栽培に切りかえます。種類によっては雨よけが必要です。アデニウムなどは夏季に葉にハダニがつきやすいので注意。暖地なら梅雨と秋の長雨を除き、雨ざらしでの栽培成功例は多いようです。冬は温室か室内で保護します。

アラビクム
Adenium arabicum
幹が横に太く広がって大きくなる。盆栽風の株姿が人気。タイで改良が進んでいる。

オベスム
Adenium obesum
ケニアなどに自生し、ふくらんだ幹は現地の地面の色に似る。毎年美しい花が咲く。

クリスプム
Adenium somalense var. *crispum*
細い葉とふっくらとふくらんだ幹肌が美しい。枝が出やすい。

ソコトラナム
Adenium obesum ssp. *socotranum*
アデニウムの中では最大級になるが、日本では棒状に大きくなる。葉と幹の色が濃い。

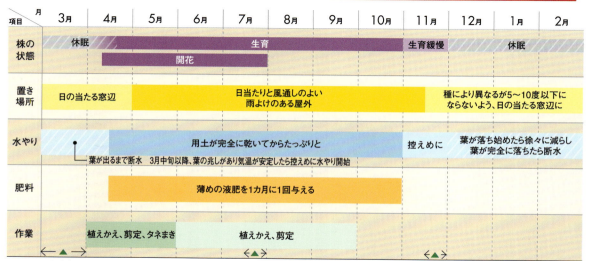

アデニウム、パキポディウム、ヤトロファの栽培カレンダー　夏型

▲殺虫剤散布　　※関東の平野部を基準にしています。栽培環境により幅があります。

アンボンゲンセ
Pachypodium ambongense
葉や株姿がよく、人気がある。大きくなると幹が黒くなり、渋くなる。

恵比寿笑い えびすわらい
Pachypodium brevicaule
平べったく横に広がるイモがユニーク。夏の蒸れに弱いので、風通しよく管理する。

エブルネウム
Pachypodium eburneum
春に黄色い花が咲く。枝が太くて短く、ずんぐりした姿が魅力。落葉したら水を減らす。

グラキリス
Pachypodium rosulatum ssp. gracilius
水はけのよい用土にして、15度を下回らなくなれば、春から屋外で栽培できる。

サキュレンタム
Pachypodium succulentum
濃いピンクの筋が入る白い花。塊根部がふくらんで大きくなる。

ナマクアナム（光堂 ひかりどう）
Pachypodium namaquanum
南アフリカに自生する有名なコーデックス。夏型に分類しているが、秋から春に生育する。

ビスピノーサム
Pachypodium bispinosum
日本ではイモを出して植えるのが主流だが、現地では土に埋まって身を守っている。

ラメレイ
Pachypodium lamerei
比較的丈夫で、生育期なら雨ざらしでも育つ。広がって展開する葉も魅力。

スピカータ
Jatropha spicata
春から秋の暖かい季節は屋外での栽培も可能。寒さに弱いので葉が落ちたら断水する。

Chapter6. コーデックスと個性的な多肉植物

アナカンプセロス ケラリア

Anacampseros Ceraria

> **Data**
> アナカンプセロス科・スベリヒユ科・ディディエレア科
> 南アフリカ、オーストラリア、アメリカなど
> 春秋型（冬型に近い）　細根タイプ
> 難易度　★★★難しい

特徴と栽培のコツ

粒々の小さな葉や、イモムシやヘビに似た草姿など、ユニークな形になるグループです。生育期は春と秋で、昼は暖かくて夜は涼しく、昼夜の温度差があるときによく育ちます。真夏の強光線は苦手なので、寒冷紗を使うか、半日陰に移動し、やわらかい日差しに調整します。水は乾かし気味になるように与えます。厳しい寒さを嫌うので、最低温度が5度以上で冬越しさせるとよいでしょう。

アナカンプセロス SP.
Anacampseros sp.
濃い暗紫色の小さな葉を連ね、横に広がりながらふえていく。半日陰で管理する。

桜吹雪 さくらふぶき
Anacampseros rufescens f. variegata
吹雪の松の斑入り種。丈夫で春と秋に生育し、夏は休眠する。鮮やかなピンクに紅葉。

茶笠 ちゃがさ
Anacampseros baeseckei var. crinite
小さな玉状の葉が多連連なり、葉の先に白いひげが伸びる。濃いピンクの美しい花が咲く。

デパウペラータ
Anacampseros filamentosa var. depauperata
小さな玉状の葉が立ち上がって伸び、先端から花茎を伸ばして開花する。

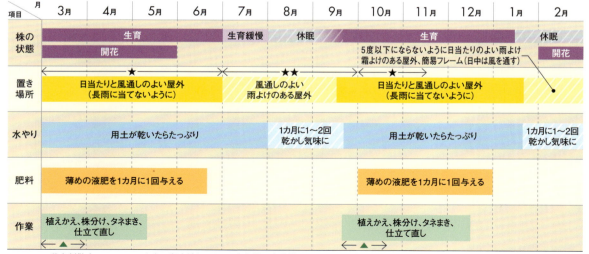

アナカンプセロス、ケラリアの栽培カレンダー　春秋型（冬型に近い）

バエセケイ
Anacampseros baeseckei
小さな粒状の葉が集まって5cmほどまで伸び、初夏にピンクの花を咲かせる。

アルストニー
Anacampseros alstonii
銀色のうろこ状に短い葉が生える。風通しよく育てる。春と秋に生育し、夏は休眠する。

ナマエンシス
Anacampseros papyacea ssp. namaensis
明るい半日陰に置き、水やりは控えめにする。冬は5度以上を保ち、夏は断水気味にする。

アルビッシマ
Anacampseros albissima
イモムシのような草姿。白いうろこ状の葉で覆われている。通年風通しよく水やりは控えめに。

ピグマエア
Ceraria pygmaea
塊根と多肉質の葉が楽しめる。春と秋に生育し、夏は休眠。葉があるうちは水やりする。

フルチクローサ
Ceraria fruticulosa
小さな粒状の葉をつけて灌木のように伸びる不思議な姿。比較的育てやすい。

129

Chapter6. コーデックスと個性的な多肉植物

ウェルウィッチア エンセファラルトス
Welwitschia Encephalartos

Data
ウェルウィッチア科・ザミア科
アフリカ
夏型　太根タイプ・細根タイプ
難易度　★★★難しい

奇想天外 きそうてんがい
Welwitschia mirabilis
生涯2枚限りの葉を伸ばし続ける。生育期は根の乾燥を嫌う。冬の最低温度は10度。

特徴と栽培のコツ

ウェルウィッチアはアフリカ・ナミブ砂漠に自生。生育期は常に水分がある状態を心がけます。冬も水をきらさず、半湿地の水生植物という育て方です。葉のつけ根に生長点があるため、葉を折ったり傷つけたりすると、致命傷になります。30〜40度の気温を好み、冬季の最低温度は10度必要です。ともに一年中日当たりに置きますが、エンセファラルトスは秋から冬に水を減らし、霜に気をつけます。

ホリダス
Encephalartos horridus
生育は遅く、温度差に強い。小さな株は、夏の蒸れに注意しないと根を腐らせる。

ウェルウィッチア、エンセファラルトスの栽培カレンダー　夏型

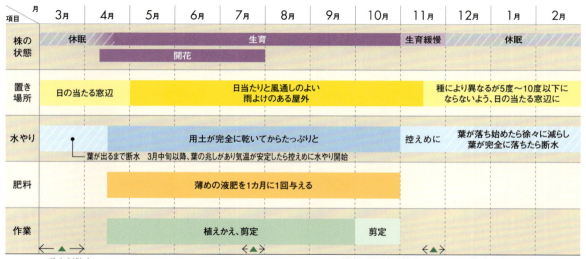

▲殺虫剤散布　　　　　　　　　　　　　　　　※関東の平野部を基準にしています。栽培環境により幅があります。

130

エキドノプシス
フェルニア
ホーディア

Echidnopsis
Huernia
Hoodia

Data
- キョウチクトウ科　アフリカなど
- 夏型　細根タイプ
- 難易度　★★やや難しい

特徴と栽培のコツ

ともにアフリカなどの乾燥地帯に自生します。ホーディアは日光を好みますが、他の種類は一年を通じて半日陰を好みます。暑さにも寒さにも弱く、蒸れが苦手なので、栽培には注意が必要です。主な生育期は夏で、日本で栽培する場合は、強すぎる直射日光を寒冷紗などでやわらかい光に調整するか、明るい半日陰に置きます。冬の休眠期は最低気温5〜10度を保ち、断水するとよいでしょう。

アングスティロバ
Echidnopsis angustiloba
半日陰で風通しよく育てるのがポイント。寒さに弱く、断水して5〜7度以上を保つ。

ゼブリナ錦　ぜぶりなにしき
Huernia zebrine f. variegata
トゲのような突起のあるユニークな形。黄色い斑が鮮やかに入る。花は珍妙なヒトデ形。

ピランシー（阿修羅 あしゅら）
Huernia pillansii
トゲのような毛で覆われた茎が群生し、株元にヒトデ形の花が咲く。風通しのよい場所に。

ゴルドニー
Hoodia gordonii
茎が長く伸び、周りにトゲがたくさん生えた、サボテンのような形。風通しと水やりが大切。

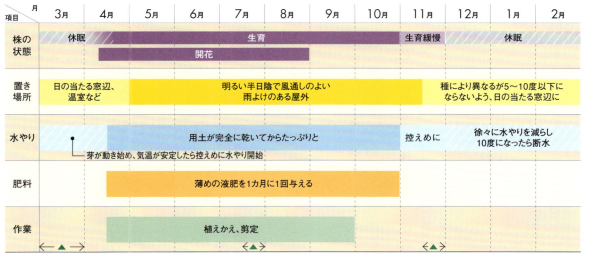

エキドノプシス、フェルニア、ホーディアの栽培カレンダー　夏型

▲殺虫剤散布　　※関東の平野部を基準にしています。栽培環境により幅があります。

Chapter6. コーデックスと個性的な多肉植物

オトンナ
セネシオ

Othonna
Senecio

> **Data**
> キク科
> アフリカ、インド、中米など
> 冬型・春秋型　細根タイプ
> 難易度　★育てやすい
> （一部やや難しい）

特徴と栽培のコツ

ともにキクの仲間で、比較的寒さに強いグループです。年間を通じて日当たりのよい場所を好みます。秋に夜間気温が下がると生育が始まります。風通しをよくし、葉が出てきたら水やりを開始します。暖地では霜と北風を避ければ、軒下で育てられるものもあります。初夏に休眠したら断水し、夏は風通しよく半日陰で管理します。セネシオは蒸し暑さを嫌い、夏は半休眠するので、乾かし気味に水やりします。

カペンシス ルビーネックレス
Othonna capensis 'Rubby Necklace'
和名では紫月とも呼ばれ、秋は緑の葉が紫色に色づく。0度以下になるととろける。

レトロルサ
Othonna retrorsa
塊根系で、枯れた葉や茎が重なってユニークな姿に。休眠期は月に2回さっと水やりする。

ユーフォルビオイデス
Othonna euphorbioides
低木のコーデックスとして人気。枝の先端のトゲ状の花柄は、新芽が伸びても残り続ける。

オトンナ、セネシオの栽培カレンダー　春秋型（マダガスカル島が原産地のものは寒さに弱め）

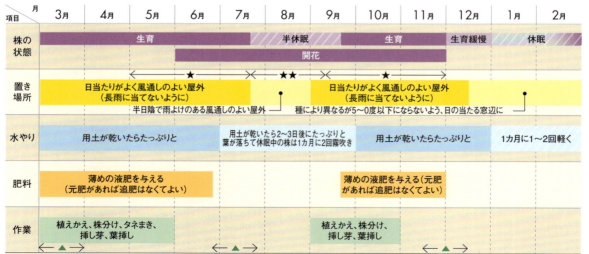

▲殺虫剤散布　　★白い寒冷紗をかける　★★黒い寒冷紗をかける　※関東の平野部を基準にしています。栽培環境により幅があります。

エンジェルティアーズ
Senecio herrianus f. *variegata*
グリーンネックレスの斑入り種は蒸れに弱いが、本種は斑入りであっても丈夫で性質が強い。

銀月 ぎんげつ
Senecio haworthii
生育が遅く、やや栽培が難しい。風通しよくし、やわらかい日差しで育てる。

大型銀月 おおがたぎんげつ
Senecio haworthii
ビロード状の白い毛で覆われた葉が美しい。夏は水やりを控え、風通しよくする。

Point

セネシオは生育期に切り戻してバランスを整え、挿し芽でふやす

銀月などの茎が太くなるタイプは、草丈が伸びすぎたり間延びしたら、切り戻して挿し芽にするとよいでしょう。挿し葉ではふやしにくいので、挿し芽にします。茎を長めにつけてハサミで切り、切り口を乾かしてからポットに挿してふやします。時期は生育期に入ったころが最適です。

伸びた茎を長めにつけて切り、挿し穂にする。親株の切り口からも新しい芽が出る。

グリーンネックレス
Senecio rowleyanus
丸い葉が連なる姿が人気。生長期は屋外で雨ざらしにしても丈夫に育つ。

七宝珠錦 しっぽうじゅにしき
Senecio articulatus 'Candlelight'
団子状の茎が連なる不思議な形。やわらかい光を好み、水は乾いたらたっぷりと。

斑入りグリーンネックレス ふいりぐりーんねっくれす
Senecio rowleyanus f. *variegata*
グリーンネックレスに白斑が入ったもの。夏の蒸れに弱く、とろけて枯れやすい。

Chapter 6. コーデックスと個性的な多肉植物

コミフォラ
センナ
ボスウェリア

Commiphora
Senna
Boswellia

Data
- カンラン科・マメ科・カンラン科
- アフリカ、マダガスカル島など
- 夏型　細根タイプ
- 難易度　★★やや難しい

特徴と栽培のコツ

コミフォラとボスウェリアは、10度以上で冬越ししますが、日本では15度くらいで保護して葉を落とさずに緩慢に生育させたほうがうまく育てられるようです。生育期はよく日が当たり、風通しのよい場所で育て、最低気温が15度以上になって安定したら屋外で栽培できます。長雨が続く場合は気をつけましょう。センナもほぼ同様の育て方ですが、日照不足による徒長に気をつけます。

ホルジアナ
Commiphora holtziana
夏に生育し、冬の寒さに弱い。10度以上で育てる。葉が出たら外で栽培できる。

ロゴロゴ
Commiphora sp. *logologo*
盆栽のように整い、風格がある太い幹になる。冬の寒さに気をつける。丈夫で育てやすい。

メリディオナリス
Senna meridionalis
夜になると丸い葉が閉じ、朝に開く。新芽が出たら剪定して盆栽風に整える。

ネグレクタ
Boswellia neglecta
太い幹で葉が出て安定したら屋外に。休眠期は10度以上に保つと芽吹きがよい。

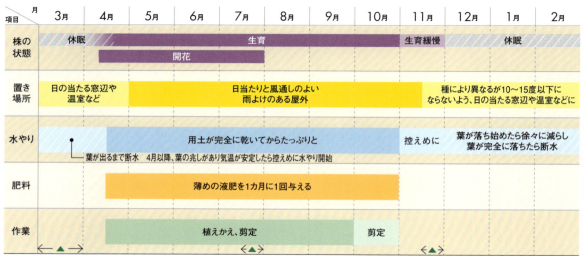

▲殺虫剤散布　　　　　　　　　※関東の平野部を基準にしています。栽培環境により幅があります。

シンニンギア
ディオスコレア
ブーフォン

Sinningia
Dioscorea
Boophone

Data
イワタバコ科・ヤマノイモ科・ヒガンバナ科
アフリカ、中米など
冬型（一部は夏型）　細根＋太根タイプ
難易度　★★やや難しい

断崖の女王 だんがいのじょおう
Sinningia leucotricha
大きな塊根とビロードのような葉。生育期は水を好む。葉が落ちたら断水する。

エレファンティペス（亀甲竜 きっこうりゅう）
Dioscorea elephantipes
晩夏から生育し、夏に休眠。最低気温5度以上で冬を越す。毎年イモが入れかわる種も。

特徴と栽培のコツ

シンニンギアはイワタバコの仲間で地下部に塊根ができ、半日陰を好みます。冬の休眠期は地上部が枯れて塊茎が残り、春に新芽を出します。生育期は明るい半日陰で風通しをよくし、用土が乾ききる前に水やりします。ディオスコレアは夏型と冬型があり、メキシコ産は夏型。冬は温室で管理し、休眠させないほうがよいです。アフリカ産は冬型です。ブーフォンは冬型の球根植物で秋口に葉が出て生育期に入ります。

ディスチカ
Boophone disticha
丈夫で育てやすく、屋外で日当たりと風通しよく育てる。日本では生育期がまばらになる。

Point
ブーフォン ディスチカは、生育期は外で風通しよく育てる

ブーフォンは丈夫なタイプで、ディスチカは葉が出てきたら生育期が始まります。海外から輸入するので、輸入後のストレスがあるのか、葉が出る時期が安定せず、葉が春に出たり、夏に出たりするものもあります。ディスチカは、長雨以外は雨ざらしで大丈夫です。生育期は屋外で風通しよく過ごさせます。

屋根のある、風通しのよいベランダなどで生育するブーフォン ディスチカ。

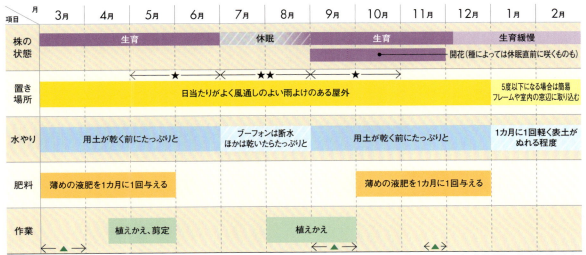

シンニンギア、ディオスコレア、ブーフォンの栽培カレンダー　冬型（ディオスコレアは夏型・冬型）

Chapter6. コーデックスと個性的な多肉植物

スタペリアンサス プセウドリトス

Stapelianthus
Pseudolithos

Data
キョウチクトウ科
アフリカ、マダガスカル島など
夏型　細根タイプ
難易度　★★★難しい

特徴と栽培のコツ

独特でユニークなフォルムが魅力のグループです。通年、屋外の雨よけのある場所で育て、明るい半日陰で風通しのよい場所を選びましょう。風通しが悪いと、蒸れで傷み、枯れることがあります。春から秋が生育期で、涼しくなったら徐々に水やりを控え、冬はときどき軽く霧吹きしますが、断水に近い状態で管理します。春に暖かくなったら、徐々に水を与えます。

ピロサス
Stapelianthus pilosus
通年、半日陰に置き、風通しが重要。暑さにも寒さにも弱い。ヒトデ形の花が咲く。

クビフォルメ
Pseudolithos cubiformis
四角い形に育つ不思議な植物。色と表面の肌も魅力。暑さにも寒さにも弱い。

ヘラルドヘラヌス
Pseudolithos herardheranus
日本で育てると緑色のソフトクリーム形になるが、自生地では扁平な円錐形。

マッコイ
Pseudolithos mccoyi
このグループの中では丈夫で、濃緑色の肌。黒っぽいヒトデ形の花が咲く。

ドルステニア
ペペロミア
ポーチュラカリア

Dorstenia
Peperomia
Portulacaria

Data
クワ科・コショウ科・ディディエレア科
南アジア、中南米、南アフリカなど
夏型　細根タイプ
難易度　★★やや難しい

特徴と栽培のコツ

ドルステニアは南アフリカなどに自生し、春から生育します。直射日光が当たらない明るい半日陰が適し、冬は断水します。ポーチュラカリアは南アフリカ、北米などに分布し、マツバボタンの仲間です。暑さに強いのですが冬の寒さには弱く、霜が当たるととろけるように枯れるため、冬は5度以上を保ちます。春から秋の生育期に水と肥料をたっぷり与えると、よく分枝して育ちます。ペペロミアの育て方はポーチュラカリアに準じます。

ギガス
Dorstenia gigas
緑色でつやのある葉。生育期は水を欲しがる。丈夫だが寒さには弱いので冬は断水。

モロキニエンシス
Portulacaria morokiniensis
丸く大きな葉で、黄色い花が美しい。生育期は水を好み、冬の寒さが苦手。落葉後に断水。

ドルステニア、ペペロミア、ポーチュラカリアの栽培カレンダー　夏型

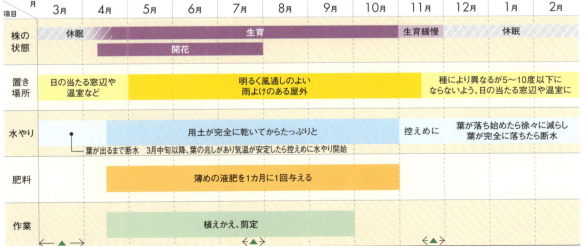

▲殺虫剤散布　　　　　　　　　　　　　　※関東の平野部を基準にしています。栽培環境により幅があります。

137

Chapter 6. コーデックスと個性的な多肉植物

フォエチダ ダルマタイプ
Dorstenia foetida f.
春に葉が出たら水やりを開始。半日陰で管理する。冬は断水して寒さに当てない。

フォエチダ錦 ふぉえちだにしき
Dorstenia foetida f. *variegata*
葉に複雑な黄緑色の斑が入る。半日陰で涼しく過ごさせる。自家受粉でタネを飛ばす。

ラブラニー
Dorstenia lavrani
小型の塊根で雌雄異株。生長が遅く、枝分かれする。風通しをよくし、長雨に当てない。

コルメラ
Peperomia columella
小さな葉が連なる姿が魅力。夏は半日陰で管理する。冬は断水して5度以上を保つ。

雅楽の舞 ががくのまい
Portulacaria afra f. *variegata*
大株に育てると幹も太り、わき芽もふえて、見ごたえのある草姿に。霜でとける。

フォークイエリア
ペラルゴニウム
モンソニア

Fouquieria
Pelargonium
Monsonia

Data
- フォークイエリア科・フウロソウ科
- 中米、南アフリカなど
- フォークイエリアは夏型（春秋型に近い）
- ほかは冬型　細根タイプ
- 難易度　★★やや難しい

特徴と栽培のコツ

メキシコや南アフリカなどの乾燥地帯で岩場や斜面に自生し、幹や茎が肥大します。一年を通じてよく日に当てて育てます。日本では、主に春と秋に生育し、夏は半休眠します。比較的寒さには強いので、暖地では屋外で育つ種もあります。冬は霜や北風に当てずに最低温度5度をキープします。生育期は、乾いたらたっぷり水やりしましょう。モンソニアは、サルコカウロンの呼び名でも流通します。

コルムナリス（観峰玉 かんぽうぎょく）
Fouquieria columnaris
暑さを嫌い、寒さには比較的丈夫。主に春と秋に生育し、厳冬期は水やりを控えめに。

ファシキュラータ
Fouquieria fasciculata
生長するに従い、株元がふくらんで塊根状になる。日当たりと風通しを好む。

マクドガリー
Fouquieria macdougalii
丈夫で育てやすく、夏型に近い春秋型。大株になれば、軒下でも育てられる。

クリストフォラナム
Pelargonium christophoranum
盆栽のように幹や茎が太る。夏は断水して涼しく過ごさせ、秋に葉が出たら水やり開始。

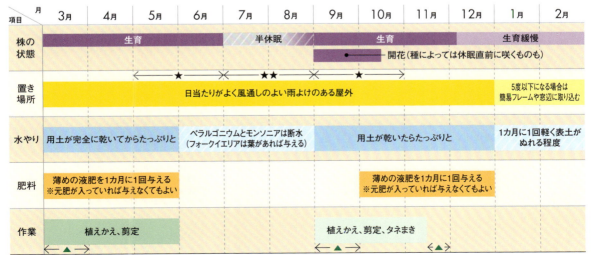

139

Chapter 6. コーデックスと個性的な多肉植物

トリステ
Pelargonium triste
冬型のコーデックスで、秋口に葉が出たら水やり開始。夏は断水して風通しよくする。

クラシカウレ
Monsonia crassicaulis
夏は休眠し、秋から生育を始める。白い花で鋭いトゲがある。

ムルチフィダ
Monsonia multifida
秋口に葉が伸びたら水やりを開始。夏の休眠期は月に1回ほどさっと水やりする。

竜骨扇 りゅうこつせん
Monsonia vanderietiae
冬型だが、夏も元気で一年中葉がある。夏も完全に断水せず、半日陰で風通しよく。

ミラビレ
Pelargonium mirabile
生育期は最小限の水分でコントロールすると間延びしない。入り組んだ枝にシルバーの葉。

ヘレイ
Monsonia herrei
日当たりを好み、生育期はよく日に当て、乾いたらたっぷり水を与える。トゲが鋭い。

パタソニー
Monsonia patersonii
美しいピンクの花が咲き、トゲのある太い茎と幹が魅力。夏は風通しよく涼しく管理。

［ 植物名索引 ］

あ

アイスグリーン 47
愛染錦（あいぜんにしき） 39
アイボリーパゴダ 51
アウストロ
　キリンドロオプンチア属 ...84
アエオニウム属 38
青い渚（あおいなぎさ） 43
青柳（あおやぎ） 105
赤刺金冠竜
　（あかとげきんかんりゅう）......91
茜の塔（あかねのとう） 51
赤花高砂（あかばなたかさご） 98
アガベ属 106
アガベ牡丹×黒牡丹
　（あがべぼたん×くろぼたん）
　............ 88
アグロウ 63
阿修羅（あしゅら） →
　ピランシー 131
明日香姫（あすかひめ） 98
アズテキウム属 85
アストロフィツム属 86
アストロロバ属 108
アデニア属 124
アデニウム属 126
アトミー 69
アドロミスクス属 40
アナカンプセロス SP. 128
アナカンプセロス属 128
アナゲンシス 68
アプテニア属 70
アメチスティヌム →
　酔美人（すいびじん） 55
綾波錦（あやなみにしき） 90
アラビクム 126
アリオカルプス属 88
アリオニー 63
アルストニー 129
アルビッシマ
　（アナカンプセロス属） 129
アルビッシマ
　（スルコレブチア属） 95
アルブカ属 112
アレキサンドリー 103
アロイノプシス属 71
アロエ属 110
アロス 63
アングスティロバ 131
アンボボンベンシス 120
アンボンゲンセ 127
イネルミス 120
インターメディア 95
インディカ 59
ウィッテベルゲンゼ 74
ウィンクレリー 60
ウェインガルチア属 95
ウエストレインボー 46
ウェルウィッチア属 130
烏羽玉（うばたま） 89
エーレンベルギー バナナ 114
エキドノプシス属 131
エキノカクタス属 90

エキノス属 72
エキノセレウス属 92
エクティブム ブロウニー 74
エクロニー 123
エケベリア属 42
エスタニョール 51
エスポストア属 93
恵比寿笑い（えびすわらい）
　............ 127
エピテランサ属 94
エブルネウム 127
エボニー 42
エボリスピナ 107
エリオシケ属 95
エリサエ 76
エリナケア 110
エレファンティペス 135
エロンガータ 99
エンジェルティアーズ 133
エンセファラルトス属 130
老楽（おいらく） 93
黄金冠（おうごんかん） 91
黄金月兎耳（おうごんつきとじ）→
　ゴールデンラビット 48
王妃甲蟹（おうひかぶとがに）
　............ 106
王妃甲蟹錦 タイプ A
　（おうひかぶとがににしき）
　............ 106
大疣瑠璃兜
　（おおいぼるりかぶと）...... 86
大型銀月
　（おおがたぎんげつ）...... 133
大型ヘレナエ エンリエット産
　（おおがたへれなえ
　えんりえっとさん）...... 74
大型緑塔（おおがたりょくとう）
　............ 51
大津絵（おおつえ）...... 81
オーニソガラム属 113
大紅巻絹（おおべにまきぎぬ）
　............ 63
オーロラ 60
オデッティー 64
オトンナ属 132
鬼笑い（おにわらい） →
　エクロニー 123
オハイオバーガンディー 64
オパリナ→白薫玉（はくくんぎょく）
　............ 83
オブツーサ 116
オプンチア属 84
オベサ 120
オベスム 126
オペラローズ 75
オペルクリカリヤ属 124
朧月（おぼろづき）...... 55
オリーブ玉（おりーぶぎょく）...... 81
オリビアエ 98
オルギアリス→仙人の舞
　（せんにんのまい）...... 48
オロスタキス属 41
オンコクダ綴化
　（おんこくだてっか）...... 122
オンスロー 47

恩塚鸞鳳玉
　（おんづからんぽうぎょく）...... 86

か

海王丸（かいおうまる）...... 96
改元丸（かいげんまる）...... 91
雅楽の舞（ががくのまい）...... 138
臥牛 きらら（がぎゅう きらら）
　............ 108
陽炎（かげろう）...... 99
カシミアバイオレット 38
火星丸（かせいまる）...... 96
ガゼル 64
峨眉山（がびさん）...... 120
兜丸（かぶとまる）...... 86
カペンシス ルビーネックレス
　............ 132
唐扇（からおうぎ）...... 71
カランコエ属 48
火星丸→カリフラワー 88
カルネギア属 93
カルミナンサム 96
変り疣青磁牡丹
　（かわりいぼせいじぼたん）...... 89
カンテ 44
観峰玉（かんぽうぎょく）→
　コルムナリス 139
ギガス（ハオルチア属）...... 116
ギガス（ドルステニア属）...... 137
菊光玉（きくこうぎょく）...... 80
菊章玉（きくしょうぎょく）...... 81
菊水（きくすい）...... 98
キシロフィロイデス 121
奇想天外（きそうてんがい）
　............ 130
木立アロエ錦
　（きだちあろえにしき）...... 110
亀甲牡丹（きっこうぼたん）...... 88
亀甲竜（きっこうりゅう）→
　エレファンティペス 135
紀の川（きのかわ）...... 52
ギバエウム属 73
キフォステンマ属 124
キボリニコラ 110
キムナッキー 52
キムナッキー錦
　（きむなっきーにしき）...... 52
ギムノカリキウム属 96
キャロル 45
京美人（きょうびじん）→
　群雀（ぐんじゃく）...... 66
恐竜錦（きょうりゅうにしき）
　............ 108
恐竜ピランシー
　（きょうりゅうぴらんしー）...... 109
玉翁殿（ぎょくおうでん）...... 99
玉扇（ぎょくせん）...... 116
玉蓮（ぎょくれん）...... 60
銀海波（ぎんかいなみ）...... 79
銀冠玉（ぎんかんぎょく）...... 89
金環食（きんかんしょく）...... 97
金冠竜（きんかんりゅう）...... 91
銀月（ぎんげつ）...... 133
金晃丸（きんこうまる）...... 104
金鯱玉（きんしぎょく）...... 91
金獅子（きんじし）...... 102

金鯱（きんしゃち）...... 90
銀鯱（ぎんしゃち）...... 99
錦繍玉（きんしゅうぎょく）...... 104
金城（きんじょう）...... 117
銀箭（ぎんぞえ）...... 52
金手毬綴化（きんてまりてっか）
　............ 99
銀波錦（ぎんぱにしき）...... 57
銀紐（ぎんひも）...... 92
銀牡丹（ぎんぼたん）...... 94
銀竜（ぎんりゅう）...... 75
クアルチチコラ 110
九頭竜（くずりゅう）→
　イネルミス 120
グノマ 65
クビフォルメ 136
熊童子（くまどうじ）...... 57
熊童子錦（くまどうじにしき）...... 57
クムロプンチア属 103
グラウカ（パキベリア属）...... 67
グラウカ（アデニア属）...... 124
グラキリス 127
クラシカウレ 140
クラッスラ SP.トランスバール
　............ 54
クラッスラ属 51
クラバツム 60
グラプトセダム属 55
グラプトペタルム属 55
グラプトベリア属 56
グリーンイグアナ 117
グリーンスマイル 44
グリーンネックレス 133
クリストフォラナム 139
クリスプム 126
クリスマス 44
クリスマスキャロル 111
黒水晶（くろすいしょう）...... 117
黒法師（くろほうし）...... 38
グロボーサ 124
黒牡丹（くろぼたん）...... 88
群玉（ぐんぎょく）...... 79
群雀（ぐんじゃく）...... 66
群卵（ぐんらん）...... 65
ケイリドプシス属 73
ゲチリス属 112
月花美人（げっかびじん）...... 66
毛羽玉（けばだま）...... 115
ケラリア属 128
紅彩閣（こうさいかく）...... 121
紅葉鸞鳳玉
　（こうようらんぽうぎょく）...... 86
ゴーラム 117
氷砂糖（こおりざとう）...... 117
ゴールデンラビット 48
子亀姫（こがめひめ）...... 109
子宝錦（こだからにしき）...... 109
子宝弁慶草
　（こだからべんけいそう）...... 48
コチレドン属 57
子猫の爪（こねこのつめ）...... 58
コノフィツム属 74
小人の帽子（こびとのぼうし）
　............ 94
小人の祭（こびとのまつり）...... 39
小松緑（こまつみどり）...... 61

141

コミフォラ属 ……………… 134
古紫（こむらさき）……………… 43
子持ち蓮華（こもちれんげ）…… 41
子持ち蓮華錦
　（こもちれんげにしき）…… 41
コリファンタ属 ……………… 96
ゴルゴニス→
　金輪際（こんりんざい）… 121
ゴルドニー ……………… 131
コルムナリス ……………… 139
コルメラ ……………… 138
コンコルディアナ ……… 112
金碧（こんぺき）……………… 97
金輪際（こんりんざい）…… 121

さ
サキュレンタム ……………… 127
桜吹雪（さくらふぶき）…… 128
桜竜（さくらりゅう）……… 70
笹の雪（ささのゆき）……… 106
笹の雪 アイボリー
　（ささのゆき あいぼりー）… 106
サブディスティカス ……… 40
三角鸞鳳玉
　（さんかくらんぽうぎょく）… 87
残雪の峰（ざんせつのみね）
　……………………………… 102
サンセベリア属 ……………… 114
サンバースト ……………… 39
紫雲丸（しうんまる）……… 105
ジェイドスター ……………… 44
紫勲（しくん）……………… 81
七福神（しちふくじん）…… 45
七宝珠錦（しっぽうじゅにしき）
　……………………………… 133
士童（しどう）……………… 105
シノクラッスラ属 ……………… 59
ジャイアントラビット ……… 48
鯱頭（しゃちがしら）……… 91
蛇紋錦（じゃもんにしき）… 96
上海ローズ（しゃんはいろーず）
　……………………………… 64
秋麗（しゅうれい）………… 55
朱唇玉（しゅしんぎょく）… 82
数珠星（じゅずぼし）……… 52
シュワンテシー→
　天女冠（てんにょかん）… 78
将軍（しょうぐん）………… 84
小公子（しょうこうし）…… 75
白糸の王妃笹の雪錦
　（しらいとのおうひささのゆきにしき）
　……………………………… 107
白鷺（しらさぎ）…………… 100
白拍子（しらびょうし）…… 75
白星（しらぼし）…………… 100
シルバースプリングタイム …… 52
紫麗殿錦（しれいでんにしき）
　……………………………… 66
白鯱（しろしゃち）………… 94
白牡丹（しろぼたん）……… 56
新雪山（しんせつざん）…… 107
神蛇丸（しんだまる）……… 121
シンニンギア属 ……………… 135
神風玉（しんぷうぎょく）… 73
シンメトリカ ……………… 121
スアベオレンス ……………… 61

翠冠玉（すいかんぎょく）…… 89
翠晃冠錦（すいこうかんにしき）
　……………………………… 97
酔美人（すいびじん）……… 55
翠平丸（すいへいまる）…… 90
スーパー兜（すーぱーかぶと）
　……………………………… 87
スキミタリフォリア ……… 114
スクレンシス ……………… 95
スザンナエ（アロエ属）… 111
スザンナエ
　（ユーフォルビア属）… 121
スタベリアンサス属 ……… 136
ステファニー ……………… 75
ストロンギロゴナム ……… 87
ストロンボカクタス属 ……… 98
スノーレパード ……………… 117
スパルマントイデス ……… 77
スピカータ ……………… 127
スピラリス ……………… 112
スプラフォリアータ ……… 111
スプリングワンダー ……… 61
四馬路（すまろ）…………… 59
スミクロスティグマ属 ……… 70
スルコレブチア属 ……………… 95
青海波（せいがいは）→
　ランセオラータ綴化
　（らんせおらーたてっか）… 84
青磁玉（せいじぎょく）…… 82
セダム属 ……………… 60
セネシオ属 ……………… 132
ゼブラ ……………… 117
ゼブリナ錦（ぜぶりなにしき）
　……………………………… 131
セレウス属 ……………… 102
センナ属 ……………… 134
仙人の舞（せんにんのまい）
　……………………………… 48
センペルビウム属 ……………… 63
象牙牡丹（ぞうげぼたん）… 89
象の木（ぞうのき）→
　ディスカラー ……… 125
ソコトラナム ……………… 126
孫悟空（そんごくう）……… 49

た
太古玉（たいこぎょく）…… 82
大祥冠（だいしょうかん）… 97
大正キリン（たいしょうきりん）
　……………………………… 121
大統領（だいとうりょう）… 91
太平丸（たいへいまる）…… 90
高砂の翁（たかさごのおきな）
　……………………………… 45
伊達法師（だてほうし）…… 39
ダドレア属 ……………… 65
玉翁（たまおきな）………… 100
玉稚児（たまちご）………… 53
ダルマ緑塔（だるまりょくとう）
　……………………………… 53
断崖の女王（だんがいのじょおう）
　……………………………… 135
タンクアナ属 ……………… 73
稚児姿（ちごすがた）……… 53
チタノプシス属 ……………… 78
茶笠（ちゃがさ）…………… 128

千代田錦（ちよだにしき）… 111
チレコドン属 ……………… 65
チワワエンシス ……………… 44
月影丸（つきかげまる）…… 100
月兎耳（つきとじ）………… 49
月美人（つきびじん）……… 66
爪蓮華（つめれんげ）……… 41
艶日傘（つやひがさ）……… 38
鶴巣丸（つるすまる）……… 91
ツルビニカルプス属 ……… 94
ディオスコレア属 ……… 135
ディコトマ ……………… 111
ディスカラー ……………… 125
ディスチカ ……………… 135
ティツバンス錦
　（てぃっぱんすにしき）… 56
ディフーサ→
　翠冠玉（すいかんぎょく）… 89
デカリー ……………… 125
デザートスター ……………… 47
鉄甲丸（てっこうまる）…… 121
テディベア ……………… 49
デパウペラータ ……………… 128
テフロカクタス属 ……… 103
デュエイ ……………… 100
テリカラー ……………… 76
テリカラーメッセルバッド産 … 75
照波錦（てるなみにしき）… 77
テロカクタス属 ……………… 90
デロスペルマ属 ……………… 77
天女（てんにょ）…………… 78
天女冠（てんにょかん）…… 78
天平丸（てんぴょうまる）… 97
登天楽（とうてんらく）→
　リンドレイ ……………… 39
トゥレアレンシス ……… 121
怒濤（どとう）……………… 79
ドドソニアナ ……………… 108
トプシーターピー ……… 44
巴（ともえ）……………… 53
トラキアンドラ属 ……… 112
ドラゴントゥズ ……………… 107
トリカデニア ……………… 122
トリグロキディアツス ……… 92
トリコディアデマ属 ……… 71
トリコフィラ ……………… 115
トリステ ……………… 140
トリマネンシス ……………… 43
ドリミア属 ……………… 115
ドルステニア属 ……………… 137
トルチラマ ……………… 122
トルチリス ……………… 112
トルンカータ ……………… 107
トルンカータ→
　オブツーサ ……………… 116
トルンカータ ……………… 118

な
ナマエンシス ……………… 129
ナマクアナム ……………… 127
虹の玉（にじのたま）……… 61
日輪玉（にちりんぎょく）… 83
ニバリス ……………… 46
ネオンブレーカーズ ……… 43
ネグレクタ ……………… 134
ノバジン ……………… 47

野ばらの精
　（のばらのせい）……… 45

は
パープルヘイズ ……………… 61
ハーレムノックタウン ……… 116
ハウディアナ ……………… 100
バエセケイ ……………… 129
ハオルチア属 ……………… 116
ハオルチオイデス ……………… 115
パキケレウス属 ……………… 93
パキコルムス属 ……………… 124
パキフィツム属 ……………… 66
パキプス ……………… 125
パキベリア属 ……………… 66
パキポディウム属 ……… 126
白雲閣綴化
　（はくうんかくてっか）… 93
白銀の舞（はくぎんのまい）… 50
白薫玉（はくくんぎょく）… 83
白条複隆鸞鳳玉
　（はくじょうふくりゅうらんぽうぎょく）
　……………………………… 87
白閃小町（はくせんこまち）
　……………………………… 104
白鳥（はくちょう）………… 100
白帝城（はくていじょう）… 118
白桃扇（はくとうせん）…… 84
白斑ピリフェラ錦
　（はくはんぴりふぇらにしき）
　……………………………… 118
白鳳（はくほう）…………… 45
パシフィックゾフテック …… 64
パタゴニー ……………… 140
初恋（はつこい）…………… 56
花いかだ（はないかだ）…… 45
花筏ノリ斑（はないかだのりふ）
　……………………………… 44
花うらら（はなうらら）…… 42
花篭（はなかご）…………… 85
花月夜（はなづきよ）……… 46
バニーカクタス→
　白桃扇（はくとうせん）… 84
バラ丸（ばらまる）………… 94
バリー ……………… 125
巴里玉（ぱりぎょく）……… 83
バリダ ……………… 122
春星（はるぼし）…………… 99
春萌（はるもえ）…………… 61
パレンス ……………… 68
パロディア属 ……………… 104
万物想（ばんぶつそう）…… 65
光オブツーサ（ひかりおぶつーさ）
　……………………………… 118
光堂（ひかりどう）→
　ナマクアナム ……………… 127
ピグマエア ……………… 129
ピコ ……………… 100
ビスコーサ錦（びすこーさにしき）
　……………………………… 118
ビスピノーサム ……………… 127
ビッグホーン ……………… 53
ビッグモック ……………… 118
雛鳩（ひなばと）…………… 76
日の出丸（ひのでまる）…… 91
緋牡丹錦（ひぼたんにしき）… 97

姫花月（ひめかげつ）——— 53
姫春星（ひめはるぼし）——— 100
姫紅小松（ひめべにこまつ）
　——————————————— 71
姫星美人（ひめほしびじん）——— 62
姫緑（ひめみどり）——— 53
微紋玉（びもんぎょく）——— 83
ピランシー ——— 131
ピランシー錦（ぴらんしーにしき）
　——————————————— 109
飛竜（ひりゅう）——— 122
ヒルマリー ——— 73
ピロサス ——— 136
ピロバム ——— 76
ピンウィール ——— 45
ピンクザラゴーサ ——— 46
ヒントニー ——— 85
ファイヤーリップ ——— 45
ファシキュラータ ——— 139
ファンタジアキャロル ——— 44
フィリカウリス ——— 40
斑入りグリーンネックレス
　（ふぃいりぐりーんねっくれす）
　——————————————— 133
ブーフォン属 ——— 135
フェネストラリア属 ——— 78
フェルグソニアエ ——— 53
フェルニア属 ——— 131
フェロカクタス属 ——— 90
フェロシオール
　（ギムノカリキウム属）——— 97
フェロシオール
　（クムロプンチア属）——— 103
フェンドレリ ——— 92
フォエチダ ダルマタイプ ——— 138
フォエチダ錦（ふぉえちだにしき）
　——————————————— 138
フォーカリア属 ——— 78
フォークイエリア属 ——— 139
福兎耳（ふくとじ）——— 50
福禄寿（ふくろくじゅ）——— 93
富士（ふじ）——— 41
不死鳥（ふしちょう）——— 50
プセウドペクチニフェラ ——— 85
プセウドリトス属 ——— 136
ふっくら娘（ふっくらむすめ）——— 58
プベスケンス ——— 54
プミラ→
　白銀の舞（はくぎんのまい）
　——————————————— 50
フミリス ——— 50
冬の星座（ふゆのせいざ）——— 118
冬もみじ（ふゆもみじ）——— 50
フライレア属 ——— 105
ブラウンローズ ——— 43
ブラキカウロス ——— 68
ブラック春鶯囀
　（ぶらっくしゅんおうてん）——— 109
プラティフィラ
　（ロスラリア属）——— 69
プラティフィラ（ドリミア属）——— 115
フランコイシー ——— 122
フランダンス ——— 118
フリチア属 ——— 80
ブリンジー hyb ×ギガス ——— 119
ブルゲリ ——— 76

ブルチー ブリギッティ ——— 97
フルチクローサ ——— 129
ブルビナリス→美鈴（みすず）
　——————————————— 72
ブルビネ属 ——— 113
プレイオスピロス属 ——— 73
プロリフェラ ——— 62
プロリフェラ ハイティエンシス
　——————————————— 101
ブロンズ姫（ぶろんずひめ）——— 55
ペアルソニー ——— 76
ペインテリ モンストローサ ——— 101
碧魚連（へきぎょれん）——— 72
碧瑠璃鸞鳳玉
　（へきるりらんぽうぎょく）——— 87
ベティフォルメ ——— 125
紅絞り（べにしぼり）——— 74
ベビーサンローズ ——— 70
ベビーフィンガー ——— 67
ペペロミア属 ——— 137
へら珊瑚（へらさんご）→
　キシロフィロイデス ——— 121
ペラルゴニウム属 ——— 139
ヘラルドヘラヌス ——— 136
ベルゲランサス属 ——— 77
ペルシダム ネオハリー ——— 76
ベルシャフェルティー錦
　（べるしゃふぇるてぃーにしき）
　——————————————— 107
ヘルナンデジー ——— 101
ベルビアナス スピラリス ——— 102
ヘレイ ——— 140
ヘレー グリーンボール ——— 40
ヘレー レッドドリアン ——— 40
ベレキフォラ属 ——— 94
ペレスデラローサエ ——— 101
弁慶柱（べんけいちゅう）——— 93
ペンデンス ——— 58
ベントランディー ロッシアヌス
　——————————————— 103
ベンバディス ——— 42
ポイソニー ——— 122
ボイレイ ——— 111
鳳凰（ほうおう）——— 107
蓬莱島（ほうらいとう）——— 122
ポーチュラカリア属 ——— 137
ホーディア属 ——— 131
星乙女（ほしおとめ）——— 54
星の林（ほしのはやし）——— 119
星美人（ほしびじん）——— 67
ボスウェリア属 ——— 134
牡丹玉（ぼたんぎょく）——— 97
ホリダ ——— 130
ホリダ錦（ほりだにしき）——— 122
ポリフィラ（モナンテス属）——— 68
ポリフィラ（アロエ属）——— 111
ポリリンゼ ——— 46
ボルキー ——— 83
ホルジアナ ——— 134

ま
マーガレットレッピン ——— 56
舞乙女（まいおとめ）——— 54
マイフェニオプシス属 ——— 84
マクドガリー ——— 139
マクロプス ——— 125

マジョール ——— 62
まだら黒法師（まだらくろほうし）
　——————————————— 38
マッコイ ——— 136
マツダエ ——— 101
マミフェラ ——— 105
マミラリア属 ——— 98
繭形玉（まゆがたぎょく）——— 83
マルガレサエ ——— 113
満月（まんげつ）——— 101
万象（まんぞう）——— 118
マンドラゴラ ——— 84
美鈴（みすず）——— 72
ミッドウエイ ——— 43
緑亀の卵（みどりがめのたまご）
　——————————————— 62
緑水晶錦（みどりすいしょうにしき）
　——————————————— 119
緑福来玉（みどりふくらいぎょく）
　——————————————— 83
緑蛇（みどりへび）——— 54
南十字星（みなみじゅうじせい）
　——————————————— 54
明星（みょうじょう）——— 101
ミラーボール ——— 119
ミラクル兜（みらくるかぶと）——— 87
ミラクルピクタ A ——— 119
ミラビレ ——— 140
ミルチロカクタス属 ——— 102
ミロッティー ——— 50
無比玉（むひぎょく）——— 73
紫太陽（むらさきたいよう）——— 92
紫帝玉（むらさきていぎょく）——— 73
ムルチフィダ ——— 140
ムルチフォリウム ——— 113
明鏡（めいきょう）——— 39
明鏡錦（めいきょうにしき）——— 39
メキシカンジャイアント ——— 47
メセンブリアンテモイデス ——— 113
メリディオナリス ——— 134
メロカクタス属 ——— 104
モシニアナム ——— 62
モナンテス属 ——— 68
モノケロティス錦
　（ものけろてぃすにしき）——— 45
紅葉祭り（もみじまつり）——— 53
百恵（ももえ）→
　オデッティー ——— 64
桃美人（ももびじん）——— 67
モラニー ——— 47
モロキニエンシス ——— 137
モンソニア属 ——— 139

や
八千代（やちよ）——— 62
ヤトロファ属 ——— 126
夕霧（ゆうぎり）——— 101
雄姿城錦（ゆうしじょうにしき）
　——————————————— 119
雄姿城 白斑
　（ゆうしじょう しろふ）——— 119
ユーフォルビア属（夏型）——— 120
ユーフォルビア属（冬型）——— 123
ユーフォルビオイデス ——— 132
ユーベルマニア属 ——— 85
ユタエンシス ——— 107

ユニフォリウム ——— 113
夢殿（ゆめどの）——— 54
嫁入り娘（よめいりむすめ）——— 58
夜の弥撒（よるのみさ）——— 103

ら
ラウィー ——— 42
ラウシー ——— 95
ラウリンゼ ——— 44
ラケナリア属 ——— 115
ラブラニー ——— 138
ラブラノス錦
　（らぶらのすにしき）——— 114
ラメレイ ——— 127
ラモシッシマ ——— 111
ランセオラータ綴化
　（らんせおらーたてっか）——— 84
リトープス属 ——— 81
リネアリス ——— 112
リプサリス属 ——— 105
竜骨扇（りゅうこつせん）——— 140
竜神木（りゅうじんぼく）——— 102
リリプターナ→
　子亀姫（こがめひめ）——— 109
リンドレイ ——— 39
ルエッティー ——— 101
ルスキア属 ——— 72
ルノーディーン ——— 47
ルブリスピヌス→
　紫太陽（むらさきたいよう）——— 92
瑠璃晃（るりこう）→
　スザンナエ ——— 121
レズリー ——— 67
レッドベリー ——— 62
レトロルサ ——— 132
レボリューション ——— 47
レモータ ——— 54
連山（れんざん）——— 89
ローラ ——— 46
ロゴロゴ ——— 134
ロスラリア属 ——— 69
ロゼイフローラ→
　赤花高砂（あかばなたかさご）
　——————————————— 98
ロッキー白山→
　新雪山（しんせつざん）——— 107
ロビン ——— 47
ロフォフォラ属 ——— 88
ロベリー ——— 104
ロリダ ——— 114
ロンギシマ ——— 46

わ
若緑（わかみどり）——— 54

143

これでうまくいく!
よく育つ多肉植物BOOK

平成29年12月31日　第1刷発行
令和4年7月20日　第17刷発行

著　者　靍岡秀明（つるおかひであき）
発行者　平野健一
発行所　株式会社主婦の友社
　　　　〒141-0021
　　　　東京都品川区上大崎3-1-1
　　　　目黒セントラルスクエア
　　　　電話　03-5280-7537（編集）
　　　　　　　03-5280-7551（販売）

印刷所　大日本印刷株式会社

©HIDEAKI TSURUOKA 2017 Printed in Japan
ISBN978-4-07-427129-0

R〈日本複製権センター委託出版物〉
本書を無断で複写複製（電子化を含む）することは、著作権法上の例外を除き、禁じられています。本書をコピーされる場合は、事前に公益社団法人日本複製権センター（JRRC）の許諾を受けてください。
また本書を代行業者等の第三者に依頼してスキャンやデジタル化することは、たとえ個人や家庭内での利用であっても一切認められておりません。
JRRC〈 https://jrrc.or.jp
　eメール:jrrc_info@jrrc.or.jp　電話:03-6809-1281 〉

■本書の内容に関するお問い合わせ、また、印刷・製本など製造上の不良がございましたら、主婦の友社（電話03-5280-7537）にご連絡ください。
■主婦の友社が発行する書籍・ムックのご注文は、お近くの書店か主婦の友社コールセンター（電話0120-916-892）まで。
＊お問い合わせ受付時間　月〜金（祝日を除く）　9:30〜17:30
主婦の友社ホームページ　https://shufunotomo.co.jp/

著者
靍岡秀明 Hideaki Tsuruoka

Profile
サボテン・多肉植物を取り扱う東京屈指の専門店、鶴仙園の三代目。多肉植物、特にハオルチアに目を向け、一代目、二代目が築き上げたノウハウと品ぞろえを充実させて、国内有数の人気店に。NHK『趣味の園芸』でも講師を務める。趣味のサーフィンを生かし、植物とサーフィンのコラボグッズも展開。ほぼ毎日更新のインスタグラムも好評。駒込本店と西武池袋店がある。

鶴仙園ウェブサイト
http://sabo10.tokyo

[instagram]
https://www.instagram.com/sabo10fam/

Staff
協力　　　　西武池袋本店　鶴仙園
構成・編集　澤泉美智子
撮影　　　　弘兼奈津子
　　　　　　佐山裕子（主婦の友社）
　　　　　　柴田和宣（主婦の友社）
写真　　　　靍岡貞男　靍岡秀明
AD　　　　 日高慶太（monostore）
装丁・デザイン　庭月野楓（monostore）
DTP　　　　馬場武彦
　　　　　　（株式会社アズワン）
イラスト　　岩下紗季子
校正　　　　大塚美紀（聚珍社）
編集担当　　松本享子（主婦の友社）